◆高等院校通识课程系列教材
◆高等院校应用型本科系列教材
◆浙江省普通高校"十三五"新形态教材

应聘求职与就业创业能力提升

主　编◎王　丽　徐　竞　李增芳
副主编◎张英英　欧　剑　祝世海

中国水利水电出版社
www.waterpub.com.cn
·北京·

内 容 提 要

本教材以大学生就业指导为主线，主要特色在于以实务为中心，从职业生涯规划的角度分析大学生的个性化特征，参考国内外就业指导的做法，以理论分析与技术指导并举为编写原则，在内容编排上通过理论讲授、典型案例，介绍了应聘求职准备、面试笔试技巧、专业和通用能力、职场适应能力、就业程序与途径、创业能力等内容，使大学生获得就业的基本知识、提高就业和可持续发展的能力。为方便教学，本教材配有微课视频、电子课件等教学资源。

本教材不仅可作为高等院校大学生应聘求职与就业创业能力提升的教材，也可作为社会人士应聘求职的参考书。

图书在版编目（CIP）数据

应聘求职与就业创业能力提升 / 王丽，徐竞，李增芳主编. -- 北京：中国水利水电出版社，2024.3
高等院校通识课程系列教材　高等院校应用型本科系列教材　浙江省普通高校"十三五"新形态教材
ISBN 978-7-5226-2291-0

Ⅰ. ①应… Ⅱ. ①王… ②徐… ③李… Ⅲ. ①大学生－职业选择－高等学校－教材 Ⅳ. ①G647.38

中国国家版本馆CIP数据核字(2024)第022540号

书　名	高等院校通识课程系列教材 高等院校应用型本科系列教材 浙江省普通高校"十三五"新形态教材 **应聘求职与就业创业能力提升** YINGPIN QIUZHI YU JIUYE CHUANGYE NENGLI TISHENG
作　者	主　编　王　丽　徐　竞　李增芳 副主编　张英英　欧　剑　祝世海
出版发行	中国水利水电出版社 （北京市海淀区玉渊潭南路1号D座　100038） 网址：www.waterpub.com.cn E-mail：sales@mwr.gov.cn 电话：（010）68545888（营销中心）
经　售	北京科水图书销售有限公司 电话：（010）68545874、63202643 全国各地新华书店和相关出版物销售网点
排　版	中国水利水电出版社微机排版中心
印　刷	天津嘉恒印务有限公司
规　格	184mm×260mm　16开本　7.5印张　178千字
版　次	2024年3月第1版　2024年3月第1次印刷
印　数	0001—2000册
定　价	**35.00元**

凡购买我社图书，如有缺页、倒页、脱页的，本社营销中心负责调换
版权所有·侵权必究

前言

随着社会的不断发展和进步，求职和职业发展成为越来越多的人所关注的话题。在这个日新月异的时代，在短时间内找到自己满意的职业以及实现职业的可持续发展，这是每个大学生必备的能力。

但很多学生由于欠缺应聘求职与可持续发展能力，在找工作时遇到瓶颈。有的学生专业素质很好，但简历和文书却撰写得平淡无奇。有的学生具备良好的综合素质，但在应聘求职的过程中因不擅长营销自己、未突出自己的核心优势而屡屡被拒；有的学生具有远大的理想抱负，但因不能适应岗位要求在职业生涯中屡屡受挫。凡此种种，都会影响大学生的求职和职业生涯发展。而在人才招聘方面，越来越多的用人单位在面试筛选人才时越来越重视求职者的文书、表达和胜任职业的可迁移能力。

本教材旨在提升大学生应聘求职与就业创业能力，紧密围绕就业与创业指导教学工作的目标、任务和要求，在求职准备、面试笔试技巧、专业和通用能力提升、就业程序与途径、职场适应能力、创业能力提升方面给予学生指导。

本教材具有以下特点：

（1）针对性。本教材在教学内容的选择上，主要针对大学生求职就业的实际需求来确定教学内容。

（2）实践性。坚持"以就业能力培养为主线"的原则，注重学生实践操作能力的培养和实际能力的发展。因此，安排了大量的实训内容，以提高学生的就业创业能力。

（3）真实性。使用的素材大多来自编者的教学和学生指导案例，具有真实性和一定的代表性。

本教材编写分工如下：王丽编写第一章、第三章和第八章的案例，徐竞编写第二章，李增芳编写第七章，张英英编写第四章，欧剑编写第五章，祝世海编写第六章。

在本教材编写过程中，我们参考、借鉴了国内外相关著作、报刊、网站的有关资料，在此，向参考文献的作者表示衷心的感谢！本教材的出版得到了中国水利水电出版社的大力支持。

由于编者水平有限，本教材难免有些欠缺，敬请专家和读者指正。

编者

2023 年 11 月

目录

前言

第一章 应聘求职前的自我评估 ·················· 1
 第一节 你喜欢什么 ························· 1
 第二节 你适合做什么 ······················ 11
 第三节 你擅长做什么 ······················ 24
 第四节 你想要什么样的生活 ·············· 27

第二章 应聘求职前的信息搜集 ·················· 30
 第一节 如何搜集就业信息 ················ 30
 第二节 如何筛选求职信息 ················ 33
 第三节 如何撰写简历 ······················ 37
 第四节 如何撰写自我陈述报告与求职信 ·············· 47

第三章 笔试与面试能力提升 ······················ 54
 第一节 笔试类型与笔试准备 ·············· 54
 第二节 面试分类与面试内容 ·············· 56
 第三节 面试准备及应注意的问题 ········ 57
 第四节 面试的原则和常见问题 ············ 60
 第五节 面试礼仪 ···························· 65
 第六节 无领导小组面试 ···················· 67

第四章 专业与通用能力提升 ······················ 73
 第一节 目标职业与专业能力 ·············· 73
 第二节 目标职业与通用能力 ·············· 75

第五章 职业适应能力提升 ·························· 80
 第一节 大学生的角色转换 ················ 80
 第二节 职业适应 ···························· 83

第六章 就业市场与就业的程序和途径 ········ 86
 第一节 就业市场概述 ······················ 86
 第二节 就业程序 ···························· 87
 第三节 用人单位招聘 ······················ 92
 第四节 就业途径 ···························· 93

第七章　创业能力提升 ·················· 98
　　第一节　创业概述 ·················· 98
　　第二节　创业的过程与阶段 ·············· 102
　　第三节　创业者特质与创业精神 ············ 104

第八章　大学生就业与创业典型案例 ············ 108

参考文献 ························ 113

第一章 应聘求职前的自我评估

第一节 你喜欢什么

无论是撰写简历还是面试求职,都要做到知己知彼。知己,要做到全面了解自己的兴趣、性格、价值观和能力,尤其是要探索和分析自己的能力。知彼,要做到全面了解用人单位的招聘需求,包括相应职位的职能、要求等,在写简历的过程中做到有的放矢。

我是个什么样的人?我喜欢什么?我擅长做什么?我想要怎样生活?我想在工作中实现什么样的价值?在求职前,学生要全面分析自己的性格、兴趣、能力和价值观。

美国著名生涯辅导理论家霍兰德(John Holland)自20世纪70年代以来提出了一系列的研究假设,他认为,职业选择是人格的一种表现,某一类型的职业通常会吸引具有相同人格特质的人,这种人格特质反映在职业上,就是职业兴趣。大多数人的职业兴趣(人格)可以归纳为六种类型,即实用型(Realistic Type,也称R型)、研究型(Investigative Type,也称I型)、艺术型(Artistic Type,也称A型)、社会型(Social Type,也称S型)、企业型(Enterprising Type,也称E型)和事务型(Conventional Type,也称C型)。每种类型的人都有各自的特点和喜欢的职业领域。撰写简历前,要深度挖掘自己的职业兴趣和休闲兴趣。兴趣往往与喜欢的学业、爱看的杂志、网站、喜爱的休闲活动等息息相关。求职中,面试者述说个人兴趣和相关经验会吸引面试官更深入地了解你,也有助于面试官判断你是否与对应的职业领域适配。

一、实用型人格典型特征与适合的职业

（一）典型特征

实用型人格特点的人是典型的工匠，喜欢动手和实操，喜欢需要动手实践的课程。

实用型人格特点的人更喜欢动手操作。对于实用型人格的人来说，没有什么比通过动手操作的方式做出有实际用途的物品更有吸引力的事了。

实用型人格的人会花很多时间进行操作实践，做出美丽的手工艺品、制作乐高模型、做出好吃的菜肴，都会让他们很有成就感。他们通常喜欢以物体、机械、动物、工作等为对象，完成有规律、明确、有序的系统的任务。

实用型人格通常具有以下特征：情绪稳定；有耐性；坦诚直率；宁愿行动，不喜欢多言。

（二）喜欢的工作环境

实用型人格特点的人喜欢在讲求实际、需要动手的环境中从事明确、固定的工作。

他们依既定的规则，一步一步地制造完成有实际用途的物品。

他们喜欢从事与机械、工具打交道的工作。

（三）典型的生活经验

——当我运动的时候，可以自由地控制身体让我感到愉悦。解答数学题目时，探索和解决问题的过程很有意思。远足，漫步在郊外时，我很放松。我喜欢林中那种静谧的感觉，喜欢植物和泥土散发的清新的气味。我喜欢数学，学习各种公式和定理时，我被数学家们的智慧吸引，即使有时候我并不能完全理解，但就是觉得有意思。我喜欢科教频道，喜欢观看与野生动物、大自然、宇宙、机械相关的节目。

——我喜欢的课程是体育、实验等，最喜欢计算机技术相关课程。我在高中接触到计算机技术这门课程，对信息技术充满了好奇，并认真学习，达到了不错的学习效果。

——平日里，我也比较喜欢体育运动。在体育课上，体育老师教授的体育专业知识，让我受益匪浅。体育课可以锻炼身体，强健体魄，有益身心健康。

——我喜欢看科技类杂志，这类杂志中有我从未见过的新鲜事物。喜欢科技的我就是会想要去了解它们的作用、起源、构成等，我在探索科技的过程中积累了更加深厚的知识，拓宽了知识的领域。同时，真正理解其中的原理，发现智慧的奇妙，也有助于增强大脑的思考能力，这会让我感到充实。《我爱发明》是我最喜欢的电视节目，在这一档节目中，我们可以跟随记者的视角去发现一些好玩、有用又有趣的发明，其中有很多关于交通工具改进的发明，我非常喜欢。

——我喜欢对着电脑写代码，当编写完程序时，我会很开心。当我自己动手修理物体或是烹饪食物，吸引我的地方在于"动手"。我最喜欢的课程是"程序设计"，我能在写代码中找到乐趣。当别人想破脑袋也理解不了某个原理，而我能很轻松地理解的时候，我也会很开心。我没有喜欢看的杂志，我喜欢看电视节目《我爱发明》，因

为这个节目让我知道了一些实用发明的发明过程，知道了如何动手，知道了发明的挑战性。发明者先是观察到生活中的一些不便，希望通过发明予以解决，于是自己动手，走上发明之路。我认为《我爱发明》这个节目很好，能让我学到许多课外知识，开阔了我的眼界。

（四）相关职业

调研发现，实用型人格特点的学生通常喜欢计算机类、体育活动类课程，他们喜欢"动"起来，用"动手"一词描述实用型人格最为恰当，这种性格的特征是"务实""实操"。

有些实用型人格的学生也会比较喜欢机械、土木、建筑等实现动手技能的职业，他们享受各种机器制造出来运行成功的那一份激动，这会激发起他们的热爱。当他们看到自己的工作成果（如图纸、程序、手工艺品等），通常会产生"动手"带来的成就感的幸福感。

实用型人格特点的人适合从事技术型岗位工作，如计算机技术人员、摄影师、绘图员、工程师、园艺师、外科医生、技术型军官、兽医、厨师、手艺人等。

二、研究型人格典型特征与适合的职业

（一）典型特征

研究型人格特点的人是典型的思考者，喜欢观察、思考、分析与推理，并追根究底，喜欢按自己的步调用头脑解决问题，不喜欢别人给他指引，工作时也不喜欢有很多规矩和时间上的压力。他们常能提出新的想法和策略，但对解决实际细节问题缺乏兴趣。他们不太在意别人的看法，喜欢和有相同兴趣或专业背景的人交往。

研究型人格的人会花很多时间去学习和思考，比如阅读科技杂志，了解时事、历史知识和地理知识等，获取知识本身就会让他们兴奋。他们喜欢探索未知的领域，无论是科技知识还是历史、地理等人文知识的广泛获取，都会让他们感到很兴奋。

研究型人格的人更喜欢用心观察、分析、推理，喜欢跟符号、概念、文字打交道。他们个性独立、保守、内向、理性，喜欢需要动脑的研究工作，不太喜欢领导他人、与他人竞争。

（二）喜欢的工作环境

研究型人格的人喜欢的工作通常需要运用复杂抽象的思考能力，大部分人需要独立解决工作问题的环境。

（三）典型的生活经验

——我生于城市，但从小便与自然亲近。我的父母开明、积极进取、勤奋，他们教导我把对自然的热爱融入对科学的学习中，他们从未替我谋划未来，而是鼓励我用自己的好奇与渴望探索这个世界。感谢父母的爱，使我对这个世界满是热爱。你可见过月色下的竹林，那片片薄叶随风飘落四方，我在林间穿梭，感受那生命的气息。这其中的点滴经历，让我从此热爱科学，更热爱生命。

——我喜欢历史课，可以了解世界的历史。我对历史知识比较感兴趣，在我眼里，人类历史有许多神秘的面纱仍未揭开，它们深深地吸引着我。我还喜欢阅读《中国国家地理》，我也喜欢地理这一门学科。《中国国家地理》杂志从不同的角度介绍我

国各地的地理景观，增加了我的地理知识，带我领略许多地方的风土人情。

——我喜欢科技类的杂志，从小就对宇宙、星空方面的知识特别感兴趣，喜欢探索大自然的奇妙。《博物》《太空探索》等杂志让我知道很多课本之外很有趣的知识。

——我喜欢观看《名侦探柯南》，观看时，我会思考很多问题，也学到不少知识，我喜欢一步步推理最后找到答案的感觉。我喜欢科技，对手机、计算机和科技顶尖设备感兴趣，科技类的杂志非常吸引我的注意力。化学实验可以满足我的好奇心，让我的思维更活跃。

——我喜欢玩密室大逃脱，喜欢解谜一类的游戏，越是悬疑"烧脑"的事物，越能激起我的兴趣，让我迫不及待地想要解开谜底。

——小时候没手机，只能看电视，其中最吸引我的是中央电视台科教频道的《地理·中国》节目。每到《地理·中国》播放的时段，我都会早早地坐到电视机前，那一幕幕山川河流的美景深深地吸引着我。"仰以观于天文，俯以察于地理，是故知幽明之故"，《地理·中国》节目带我领略地理学科的魅力，感受大自然的广阔与神奇。

（四）相关职业

调研发现，研究型人格喜欢"动脑"，用"思考"一词描述研究型人格最为恰当，这种性格的特征是"创造、创新"。他们通常更喜欢化学、数学、物理、生物等理科课程或中文、历史、地理、社会学等人文类课程，喜欢阅读科学发现、历史和地理文化相关的书籍、杂志（如《国家地理》《博物》《太空探索》等）、网站等。当他们学习新理论、新知识时会很有成就感。他们喜欢通过推理找出答案的体验。

研究型人格的人适合的职业有计算机程序设计师、医生、研发人员、实验室实验员、软件工程师、数据分析师、电子工程师等。

三、艺术型人格典型特征与适合的职业

（一）典型特征

艺术型人格特点的人直觉敏锐、善于表达与创新。他们希望借文字、声音、色彩等表达自己的创造力和对美的感受，喜欢独立作业，不喜欢管人和被管，在无拘无束的环境中，他们的工作效率最高。他们认为生活的目的就是创造不平凡的事物。

艺术型人格特点的人更喜欢自由，富于想象力，对他们来说，没有什么比通过想象和创造来表达自我更有趣的事了。他们通常不太喜欢按部就班、受人支配的工作。

热情、冲动，有丰富的想象力和创造力，是艺术型人格的典型特征。

（二）喜欢的工作环境

艺术型人格的人喜欢鼓励创意以及个人的表现能力，鼓励感性与情绪充分表达，相对而言对逻辑严谨性的要求不太高的工作环境。

（三）典型的生活经验

——我喜欢有美感和意境的事物，喜欢在海边吹海风，看日出日落。我很喜欢宫崎骏动漫里的天空，广阔无垠的天空加上软乎乎的白云，所有的一切都是刚刚好；我也很喜欢平静无波的湖面，它将周围的一切都吸纳了，就像一个无穷的宇宙，拥有无

限的能量。当我走近湖边看见湖里的小鱼时，总是会忍不住感慨湖底世界的美丽。除此之外，我也很容易被田园美景吸引，硕大的树冠，凉爽的山风，飘荡的花香，还有树上的蝉鸣，都让我生出无限遐想。

——我喜欢上美术课，喜欢一切美的事物。色彩和线条绘就的图像令人愉悦，在画画的过程中，我可以尽情地享受美带来的冲击感。画画还能让我静心。美术对我来说是色彩斑斓的，也是变化莫测的，是一种高档次的艺术，能提高修养、陶冶情操、打开眼界、充实生活，让人充满活力。美术让我能够直观地表现内心的想法和感悟，把一些不可言说、不可名状的情感，流畅、具体地呈现在画布上，搭建起与他人进行心灵沟通的桥梁。

——我最喜欢的课程是语文和美术。我是一个感性的人，我喜欢画画，认为会画画的人很厉害，一支画笔就能勾勒出很多美丽的形象。我还喜欢文字，文字是可以走入人心的。书本对我有很大的吸引力，我从小就喜欢看书，尤其喜欢看小说，作者笔下的世界、人物是鲜活的，是立体的，带领着我领略不一样的风景、体验不一样的人生。

——我最喜欢的课程是英语，我喜欢老师讲课的风格，喜欢用英语与他人交流。学习英语让我感到很开心，我喜欢听英文歌曲，听美妙的旋律，对学习了解更多英语单词很有兴趣。在音乐和英语的世界里，我找到了学习的乐趣。

——我最喜欢的动漫是《机动战士高达 SEED》，它主要讲述了未来地球原住人（自然人）与宇宙移民（新人类）之间发生的战争，其中渗透着两位主人公之间真挚的友谊，以及战争给人带来的无奈与反思。它让人思考究竟什么才是正义。这部动漫最终告诉人们贪婪是战争的根源，相互理解才能解决矛盾。说实话，我第一次看这部动漫时落泪了，虽说"男儿有泪不轻弹"。

——我喜欢时尚杂志，当看到那些色彩强烈、画面有冲击力的摄影作品时，内心会有震撼感。尽管时尚杂志充斥着大幅的广告、模特大片、拼接图片，但是为数不多的好的文字还是能够以内容取胜。

——我从小就喜欢模仿电视剧和电影里的人物，无论是古装剧、武侠剧还是欧美魔幻大片，其中有趣的人物，我都会模仿。模仿得久了，我悟出点门道来，于是加入自己的想法，模仿和演绎自己编创的影剧。独自在家闲着无聊的时候，我就模仿着演员的表演方式自导自演。除了模仿影视表演，我还经常模仿唱京剧，穿上大人的鞋子，披上老爸的长外套，戴上老爸给我做的白须髯口，像模像样地唱起了京剧。

（四）相关职业

调查可见，艺术型人格类型的人崇尚美感和意境，他们欣赏音乐、漫画，阅读有趣的文学作品。他们喜欢欣赏美或创造美，文学、绘画、音乐创作等创造性的活动让他们乐在其中。艺术型人格的学生通常喜欢美术、音乐、外语、语文等课程或者对文学、艺术、哲学、社会学等人文类课程感兴趣，当他们感受艺术、提供创意时会很有创造力。他们通常喜欢艺术类书籍或杂志，如《时尚芭莎》《时装》等。

用"创新"一词描述艺术型人格最为恰当，他们是典型的创新者，内在的需要是"感受美"和"发现美"。这种性格的特征是"创造、自由"。他们喜欢自由自在、富有创意的工作环境，借助文字、声音或色彩来表达内心的想法和对美的感受。通常喜欢以艺术设计、绘画、语言、教育等为对象，从事自由、有创意、带来新鲜感的职业，通常需要具备与语言或与美相关的能力。

艺术型人格类型的人通常会选择艺术类或设计类职业，也有的会把创造力用于外语翻译、影视编导、歌手等艺术类职业中。他们喜欢的职业有设计师、摄影师、艺术家（音乐家、画家、雕塑家、漫画师等）、演员、翻译师、建筑师、景观设计师、作家、广播电视编导、记者、影视编辑、平面设计师、广告设计师等。

四、社会型人格典型特征与适合的职业

社会型人格特点的人是典型的给予者，总是营造和谐和友爱的氛围；他们热衷于与人接触的活动，个性温暖、乐于助人；他们乐于倾听和关心他人，能敏锐察觉他人的感受，但不太喜欢需要技术、体能的操作类的事情。

社会型人格的人通常喜欢参加社会团体或者俱乐部，帮助人们解决问题，给朋友写信，照顾小孩；他们通常对人和善、容易相处，关心自己和别人的感受，乐于倾听和理解他人，愿意付出时间和精力去解决冲突，喜欢教导别人并帮助他人成长；他们不喜欢竞争，而是喜欢与大家一起合作，为团体尽力。他们交友广泛，关心别人胜过关心工作。

（一）典型特征

社会型人格最典型的特征是崇尚和谐，不喜欢竞争，他们的个性大多温暖、和善、友爱、仁慈、善解人意等。

（二）喜欢的工作环境

鼓励人与人之间的和谐相待、和睦相处。

工作氛围强调人类的核心价值，比如理想、仁慈、友善和慷慨等。

（三）典型的生活经验

——10岁那年春节，我们全家聚在一起，两个大桌子都坐满了人，每一个人都有说有笑的，大人们在饮酒畅聊，从身边小事聊到国家大事，小孩则在客厅看电视和玩玩具，其乐融融。每当这幅画面在脑海中浮现时，我总能感受到浓浓的年味与亲情的美好。第二个画面则是由无数相似的画面组合而成的。高中时期，我们班特别融洽，同学们经常在下课后聚到走廊上畅谈天地。每每想起，我都能感受到其中的欢乐和青春的恣意。还有与朋友们一起坐在奶茶店里组队打游戏，赢了共同喝彩，输了互相安慰说"无所谓"，这之中的友情最吸引我。教室里同学们奋笔疾书的画面、家里厨房热气腾腾的画面、操场上同学们奔跑的画面，这种温暖、活力、积极的气氛吸引着我。

——我善于开导别人，善于与老师和同学交流看法和感悟，久而久之，我的沟通技巧越来越熟练。不过话又说回来，说话也需要有"墨水"的。我这一肚子"墨水"从何而来呢？实不相瞒，这是我长期积累而来的。我经常观看《百家讲坛》等电视节目，聆听礼仪专家金正昆，商界精英马化腾、李开复、俞敏洪、李彦宏等的讲座。我不仅乐于接受他们宝贵的知识和经验，还学习和模仿他们的沟通表达技巧。在众多名人名家的语言熏陶下，凭借我敏锐的感知力，以及日常的实战经验，我的沟通表达能

力逐渐得到了提高。

——当我有机会表演节目的时候，我特别开心。我曾动员同学们一起表演节目，我还组织大家一起排练。我仔细钻研剧本，并揣摩剧本中角色摘眼镜的细致动作。表演时，我特别认真，积极地融入角色。当我的表演逗笑大家的时候，我感到特别开心。我小学时不喜欢听课，特别喜欢自己构思故事。天马行空地创作故事让我有成就感。

——我最喜欢的课程是心理课。心理课讲授的内容相对轻松，任课老师通常是给我们讲些与心理学相关的小故事，或者让我们观看电影。我个人也是比较喜欢心理相关知识的。心理课可以让我思考过去、整理现在、创造未来，并帮助我更好地生活和提升自己。最重要的是，我是一个很渴望交际的人，不喜欢独处，而心理知识刚好可以帮助我解决交际上的问题。

——我印象比较深的杂志是《意林》《读者》，它们是我读高中时喜欢阅读的杂志。《意林》《读者》里有很多小说之类的内容，它们帮助我缓解了疲惫的身心。我最喜欢的杂志是《青年文摘》，其刊登的文章内容丰富、贴近青年视角，其中讲述的许多名人轶事给人以启迪，它是我写作时收集素材的"老朋友"。

——我最喜欢的节目是《你好生活》。该节目是中央电视台综艺频道和央视网联合出品，并由共青团中央推出的一档新青年生活分享节目。它以朴实的镜头聚焦火热的生活，嘉宾们真诚聊天、心灵碰撞，在温暖感动中致敬平凡生活。其中有去山区小学支教的情节、为老奶奶装修房子的故事、在海边呼唤落日的场景，它不刻意展示某种生活态度，却流露出来最为真切的生活感受，这是最动人的平凡故事。

——我比较喜欢爱情类、科幻类和感人的电视剧。感人的电视剧吸引我的原因是其剧情，因为它往往很贴近现实，触动人心。而对于爱情电视剧，吸引我的原因可能是出于我自己的恋爱经验，我很羡慕那些轰轰烈烈、双向奔赴的爱情。

——我最喜欢的节目是偏搞笑类的真人秀节目。这类节目展现了真实的环境和人物，能够非常好地反映当下的生活环境及社会环境，还能凸显人物最为真实的性格，演戏和造假的概率相对较低，能比较真实地了解一个人。并且真人秀节目演员们的有趣灵魂的碰撞，能产生更为强烈的火花，产生喜剧性的效果，能为心情不好或劳累一天的人带来欢乐，缓解他们的疲惫。

(四) 相关职业

用"和谐"一词描述社会型人格最为恰当，这种性格的特征是温暖、友爱、给予、交流。根据调研显示，社会型人格类型的人崇尚和谐和友爱，喜欢和人互动交流带来的温暖；他们喜欢在工作环境中营造一种和谐友爱的氛围；当他们和人交流、倾听他人的感受和教导他人时会很有感染力。他们通常喜欢语文、心理学等课程，喜欢文学类书籍或文摘类杂志，如《读者文摘》《青年文摘》《读者》等，这些杂志中温暖的故事能够增强他们对生活和人的感受力。

社会型人格类型适合从事和人打交道、为人提供服务咨询教育的相关职业，如心理治疗师、教师、职业顾问、健身教练、社会工作人员、康复辅导员、培训和发展专员等。

五、企业型人格典型特征与适合的职业

（一）典型特征

企业型人格特点的人喜爱冒险、竞争，通常精力充沛、个性积极、有冲劲。

他们是沟通协调的高手，表现出强烈的野心，希望拥有权力，不喜欢花太多时间做科学研究，常管理与鼓舞他人，力图达成组织或个人的目标。

（二）喜欢的工作环境

他们喜欢在充满活力和积极向上的氛围中工作，这种氛围可以提高他们的士气和动力。

（三）典型的生活经验

——我喜欢站在舞台上、演讲台上，在众人面前展示自己的才华，享受众人的掌声。我喜欢劝说别人，让他们接受我想销售的产品，当我通过努力说服了他们，我会感到很有成就感，也觉得非常有趣。

——我热衷于领导管理工作。在大一下学期，我领导组建了云动力工作室并担任负责人。2012年，我被聘为计信生活经验辅导员助理，负责新生管理工作，完成了学校计算机与信息系（以下简称"计信系"）"水缘聚信"校园在线微博的建设工作，并参加了计信系水土保持小分队前往舟山六横的暑期社会实践活动。

——我的策划能力主要表现在活动策划和游戏策划上。活动策划主要分两个方面，一个是网站活动策划，另一个是班级活动策划。网站活动策划方面，我自己运营了一个小型网站，站点活动是吸引用户加入站点的途径之一。我能在网站资源有限的情况下，组织一些别出心裁的活动。班级活动策划方面，我会根据大多数同学的兴趣爱好来策划相应的活动，活动的互动性和参与性强且可玩性高，能够充分活跃现场气氛。游戏策划方面，我会在融合同类游戏优势的基础上，加入自己的想法和创新元素。这在我策划的《三国问剑》和《修真之路online》中都有体现。此外，我在大学期间还负责了一个名为《新世界online》的游戏，这款游戏并非竞技或者冒险类游戏，而是一款模拟都市生活的仿真型游戏。游戏中玩家将扮演现实生活中的自己，在虚拟现实世界中体验不一样的乐趣。更值得一提的是，这款游戏还将在线教育、电子商务和电子政务充分融入其中，是一款具有新一代革新性的虚拟现实在线模拟游戏。

——在中学时期，我曾担任班干部，协助班主任管理班级事务。在我读初一的时候，我第一次担任班级劳动委员兼纪律委员，作为班主任老师的小助手严格管理班级，并取得一些成效。然而，当时的管理只是表面上好，实际上不少同学心中都挺不服气的。这段经历让我认识到严格管理班级有其优点，但也可能失去人心。从高中开始，我尝试对不同的人采取不同的管理方式，与初中时采用严厉的手段不同，我更倾向通过商量和提出希望来解决问题，并且坚持对事不对人，着重帮助他人改正错误，而不是通过强制手段达成管理目的。后来，我逐渐摸索出一套合适的管理方式，并运用到大学的班级管理中。读大学期间，我又不断探索，根据实际情况改善自己的管理方式，坚持与时俱进，并取得了一定成效。我会不断改进，因为这也是我管理能力历练与进步的过程。在组织方面，从大一开始，我为班级组织策划活动，并担任活动主持人。2011年元旦晚会和2012年应用专业新班级联欢活动都是由我组织策划并担任

活动主持的，两次活动都取得了成功。

——我最喜欢的课程是计算机课，对我来说，计算机课是一门可以满足好奇心的课程。计算机的功能丰富，能满足我很多兴趣，通过它，我可以了解许多不曾熟知的事物，可以在互联网中自由地探索，还可以在游戏中扮演各式各样的角色。计算机还为我带来了游戏策划和自由幻想的灵感。通过互联网，我接触到更广泛的信息，接触到动漫和游戏，由此产生了各种各样的想法和感悟。对我来说，计算机不仅使我了解到更多的知识，给我带来更多的灵感与感悟，而且也丰富了我的生活，给我带来了便利。

(四) 相关职业

企业型人格的核心主题是"奋斗"，他们通常精力旺盛、爱冒险、乐于参与竞争。他们善于劝说他人接受自己意见，喜欢组织经营或者策划管理，并希望成为团体中有权力的人、有影响力的人或者焦点。他们不以现阶段的成就为满足，并要求自己与他人都不断努力。

他们适合管理、销售、司法、从政等工作，他们比较适合的职业如销售人员、管理人员、公务员、律师、制片人、项目经理、人力资源经理、培训和发展经理等。

六、事务型人格典型特征与适合的职业

(一) 典型特征

事务型人格特点的人的个性比较保守，他们奉公守法，崇尚秩序，追求效率，重组织和规划，做事讲求规矩和精确，强调系统性、数据精准、进度管控、文书技巧等，按时完成工作并达到严格标准。他们给人的感觉是有效率、精确、仔细、可靠而有信用。他们的生活哲学是稳扎稳打，不喜欢改变或创新，也不喜欢冒险或者领导。在交友选择上，会选择和自己志趣相投的人成为好朋友。

他们个性保守谨慎，精打细算，有责任感，值得信赖，适合从事银行、金融、会计、秘书等相关工作。

(二) 喜欢的工作环境

(1) 喜欢在稳定、讲求规范的环境中工作。

(2) 喜欢按部就班的工作。

(3) 喜欢不需要太多改变或者创新的环境中工作。

(三) 典型的生活经验

——我最喜欢的课程是CAD制图和高数课。这两门课程都是理工科的重要科目，一门是工程类电脑画图，另一门是理科思维的训练，都可以让我进一步清晰地了解电子与数字的魅力。

——我最喜欢的网站是中国知网，它是我学习知识的重要工具，它里面有很多国内外论文，可以帮助我们在学习专业知识的同时拓宽我们的视野。此外，中国知网还可以帮我们进行论文查重，这对我来说十分便利。我的霍兰德代码是CSI，我喜欢与人交往、善于思考、富有理性、做事效率高，并且喜欢逻辑分析与推理。我喜欢严谨、能考验人思维的课程。同时，我也喜欢温馨的综艺节目和热血的小说。我现在学的专业是地理信息科学，其中有关程序方面的内容是我所

喜欢的。我喜欢与技术相关的职业，如 CAD 工程师或工程制图师。另外，我也考虑过成为一名公务员，过安稳的生活。

——我很重视细节。我平时会检查门是否锁好、家里还有几瓶啤酒、苹果还有几个。我每天会在固定的时间喝水，我特别讨厌不按时吃饭和睡觉的人。我每天都会在固定时间出门，我认为房间就是要收拾得整整齐齐。无论多累，我都会把当天的垃圾扔掉。我喜欢看超市的收据，逐一核对，分析自己买的东西哪个最便宜、最划算，检查是否有价格标错的情况。我在学校的行动轨迹几乎每天都是一样的，我每天都在同一时间午睡，午睡后喝一杯咖啡，喝完咖啡去上课。

——我喜欢数学，比较享受逻辑分析以及算出结果带来的成就感。我还喜欢政治，我的政治考试成绩经常是满分。在论述题中，我的回答总是有理有据。我经常说的三句话是"我才不相信呢""很多事情要打一个问号""不是别人说什么你就信什么"。

——我很佩服诸葛亮，他能预见不同的情况，他有三个箭囊。"运筹帷幄之中，决胜千里之外"，他能预料到各种情况和可能性。在我看来，做事情之前必须做好充分的准备。我非常讨厌"现上轿现扎耳朵眼"，从不打无准备之仗。我需要充分的时间来准备，如果没有准备的时间，我无法完成任务。

（四）相关职业

事务型人格的核心主题是"计划、规则和秩序"，他们通常喜欢与数据和文书打交道，乐于思考，考虑问题理性，喜欢逻辑分析与推理逻辑。他们做事情按部就班，喜欢严谨而有计划的推进任务。他们通常渴望稳定的生活，对于他们而言，有关程序设计、CAD 制图等课程会比较有吸引力。

他们比较适合的职业如会计师、银行家、程序员、行政人员、公务员、理赔人员、成本估算师、房地产估价师、信用分析师、金融和投资分析师、税务审查员、审计师、预算分析师。

课后练习

1. 你有哪些喜欢的活动？这些活动吸引你的原因是什么？

_____
_____

2. 你喜欢读哪些书？这些书吸引你的原因是什么？

_____
_____

3. 在校期间你都喜欢哪些课程？为什么？

_____
_____

4. 你佩服的人有哪些？为什么？
_____
_____
_____

5. 上述问题中重复出现的关键词有哪些？这些重复出现的词汇和未来职业有什么关联？
_____
_____
_____

第二节 你适合做什么

求职前应清楚自己的优势与潜能，把个人优势与目标职业结合起来。比如：有的人能说会道，他可以在面试中强调自己善于表达、比较外倾；有的人做事细心，他可以在面试中强调自己谨慎细致等。通过性格特征的深度挖掘，可以提高我们在求职面试中的核心竞争力。MBTI（Myers–Briggs Type Indicator）理论可以使求职者挖掘自己的优势潜能，从而在招聘选拔中准确定位、脱颖而出。

MBTI 分别从四个维度考察个人的偏好，每个维度由对立的两极构成：外倾—内倾（E–I 维度）、感觉—直觉（S–I 维度）、思维—情感（T–F 维度）、判断—知觉（J–P 维度）。

能量倾向：Extraversion（外倾）或 Introversion（内倾）。
接受信息：Sensing（感觉）或 Intuition（直觉）。
处理信息：Thinking（思考）或 Feeling（情感）。
行动方式：Judging（判断）或 Perceiving（知觉）。

一、认识外倾与内倾的优劣势（E–I 维度）

E–I 维度说明的是从哪里获得能量。

（一）典型性格

1. 外倾

外倾的人通常从外部获得能量，社交广泛、擅长表达、有广泛的兴趣，通过说的方式来解决问题。在工作和人际关系上，比较主动。通常用以下词汇描述外倾的人：情感外放、外倾、友善、善于交流，善于与人交往，通过参与社交获得动力和能量，喜欢与人在一起，先行动再思考。

2. 内倾

内倾的人通常从自己的内心世界获得能量，通过思考的方法来解决问题，喜欢独处，当情况或者事情对自己非常重要时，才采取主动。通常用以下词汇描述内倾的人：情感内敛、冷淡、安静、不容易被了解，喜欢独自一个人，想好了再行动。

(二) 生活经验

——我比较内倾，性格内向，安静，喜欢独处。独处往往可以让我更清晰地分析问题，喜好安静也让我更容易冷静下来，思考自己的问题。这些特质虽然使我更冷静，但同时也使我显得孤僻，难以接近，我很难交到朋友，也不容易与他人进行思维上的交流，容易武断、钻牛角尖。可能更适合写作等需要独处的工作。

——我是一个内倾的人，感情内敛，安静，一般想好之后才行动。我认为内倾的好处是能更好地去思考，能积极创新；坏处是可能不太容易理解别人，不太容易听进去别人的话。内倾的人可以从事一些研究类的工作，留给自己更多的思考空间。

——我是一个内倾的人，通常想好了再行动，好处是在生活中不会一惊一乍、想一出是一出，做事相对靠谱；坏处是做事情时思虑多，导致不够果断，容易错失机会；学习中，不敢与老师进行交流；交友时，往往是被动的一方，不敢迈出第一步，与他人进行交谈。可能适合不需要与他人进行过多交谈，需要有一定决策能力的工作。

——我是一个外倾的人，当我把情感表达出来后，我会觉得很舒服，别人也知道我是不会拐弯抹角的。我个性友善，善于交流，这些特点让我交到更多的朋友，也获得了很多机会。

——我更偏向外倾，情感外放、友善、善于交流、善于与人交往、先行动再思考。我很难适应孤独，不喜欢冷清的环境。优势是开朗乐观、比较外向，不会因为害羞而失去机会；劣势是有时太过于锋芒毕露，给他人带来不好的情绪。这些特质更适合相对较自由的工作，以及需要合作和交流的工作。

综合以上观点内倾和外倾的人获得能量的方式完全不同。他们适合的职业岗位也有很大的差异性。当学生们对自己的外倾、内倾维度有更多的辨析与了解时，会使他们增加自我认同感，也会思考和未来职业的关联。

二、认识感觉与直觉的优劣势（S-I 维度）

S-I 维度说明的是从哪里收集信息。

(一) 典型性格

1. 感觉型

感觉型的人通过"五感"来收集信息。这类型的人专注于可以看到、听到、感觉到、闻到及尝到的事物。他们只相信可以衡量的或有证据的东西，而且只注意真实而有形的东西。感觉型的人信赖"五感"所带给他们的关于世界的精确信息，而且他们也信赖自己的经验。他们重视现在，并且关注所有此刻发生的事。感觉型的人看到一个情况就会想精确地知道发生了什么事。

感觉型的人注重当下的事实，注重细节，专注于真实和实在的东西，留意具体细节。他们通过实际应用去了解意念和理论，相信经验。他们通常细致、务实，实事求是，喜欢确定和可以测量的事情；关注当下，享受当下的生活；关注细节和部分，崇尚规范和秩序。

2. 直觉型

直觉型的人对基于事实的暗示、关系和可能性比对事实本身更感兴趣。他们偏好在字里行间中辨认和寻找一切事物的含义。直觉型的人注重暗示和推理，与感觉型的人不同，他们更看重想象力，而且信赖自己的灵感和预感。

直觉型的人注重将来的可能性，喜欢预测，乐于看到事物的可能性，富有想象力、言谈饱含创意。他们专注信息中包含的模式和意义，只记得与模式相关的细节，会凭直觉迅速得出结论。他们先要清楚了解意念和理论，然后才付诸实行，相信灵感。

（二）生活经验

——我偏向于直觉型性格。"通过研究整体了解局部""发挥创造性"这些描述比较符合我的特质。我在学习中不够细心，经常出现一些小错误，而且一旦没有弄清公式的原理，我就不太会接受这些知识，有时候就会硬着头皮背这些知识。优势是我会关注整体框架，对一些事物的理解更加透彻；劣势是处理细节不足，因此我认为我应该选择避免处理细节的工作。

——我更偏向直觉型性格。我会关注整体和局部的关系，关注将来和可能出现的事情；通过研究整体了解局部；喜欢做可以发挥创造力的事情；比较有想象力，这些特质让我能更好地规划设计自己的人生。我认为自己更适合领导或者统筹类的工作。

——我更偏向于感觉型性格。我喜欢实事求是，喜欢确定和可以测量的事物，享受当下生活。好处是生活中，心胸宽广，烦恼不会太多；学习中，对于正确答案的求知欲爆棚；交友中，实事求是，是个可靠的朋友。坏处是生活中面对一些事情太过斤斤计较；学习中缺乏想象力，导致空间感不强；交友中不够圆滑变通。我认为自己更适合秘书、管理员、会计这些工作。

——我倾向于感觉型性格。我很关注细节，比如会留意家里的卫生等细节。我更关注当下，很务实，注重眼前正在发生的事情，很少考虑将来，因此我在面对当下的问题和处境时就会比较游刃有余，但是面对未知的事情会有些恐惧，我应当为未来做个规划以应对未知。

——我倾向于感觉型性格。我做事细致、务实，实事求是，精准，注重实际，在学习上把知识点掌握得精确。但我缺乏创造力和想象力。我认为自己比较适合工程类的工作。

综合以上观点，感觉和直觉的维度在接受信息的层面上有很大的不同，学生们一旦认识到这种不同及对未来择业的影响，就会思考选择什么样的方向才能够扬长避短、发挥所长。

三、认识思考与情感的优劣势（T-F 维度）

T-F 维度说的是如果做决定？

（一）典型性格

思维是指用客观的方式做决定，而情感是指以个人价值来做决定。尽管在做决定时，感情因素会起到一定作用，但此处"情感"仅仅指做决定时的方式是以自己和他人的利益为重。

1. 情感型

情感型的人在做决定时，会考虑什么是对自己和相关的人最重要的。在思维上，他们会设身处地地考虑每个人的境况，从而遵循以人为本的价值观。他们从欣赏和支持他人的过程中得到动力，并找出他人值得称赞的特质。他们的目标是创造和谐，视每一个人为独一无二的个体。

他们通常关注关系是否和谐，擅长理解他人，重视个人的信念和价值观，主观、善良、仁慈。他们愿意感同身受，能够站在别人的角度思考问题，会以个人的价值观作为准则，估量所作决定对其他人的影响，追求和谐共处和积极互动，有同情心，也可能会别被认为心肠软。

2. 思考型

思考型的人喜欢做有逻辑意义的决定。他们以自己在做决定时客观的分析能力而自豪。他们通过分析和衡量证据来做决定，就算得到的结果并不令人愉快。倾向于思考型的人在做决定时，注重选择和行为的逻辑结果。他们客观地分析事情的正反两面，通过批判和分析事情找出错处，进而在解决问题的过程中得到动力。他们的目标是找到一套能够应用于同类情况的标准或原则。

他们重视事实和公平，客观，擅长逻辑分析和计划、容易发现缺点和漏洞并指出来。他们重视原则，有时显得冷酷无情；善于分析和因果推理方法；善于运用逻辑来解决问题，追求客观真理标准，讲道理，能够"硬心肠"。他们认为公平意味着让每一个人获得同等的待遇。

（二）生活经验

——我更倾向于思考型性格。我理性、客观。在生活中，我总是习惯在做一件事情之前先思考它的可行性，考虑这件事是否值得花费精力去做。我在处理事情时不会受到外界的干扰，无论在什么时候总是能保持理性。我注重逻辑，能发现自己的优缺点。在亲情与友情关系中，我总是习惯性地进行等价交换，在接受礼物前会先衡量自己是否有能力返还同等价值的东西，这样的性格让我看起来似乎有些不近人情，因此我较难交到朋友。因为高度理性的生活态度，我更适合做一些逻辑性比较强的工作，比如科研、金融管理等。

——我更倾向于思考型性格。我重视事实和公平，客观，擅长逻辑分析和做计划，有时显得冷酷无情，会被人嫌弃无情，但我觉得自己是有一种正义感。这一性格可以在像法官等需要重视事实和公平的职业中扬长避短。

——我更偏向于情感型性格。我很重视情感，关注关系和谐，善于理解别人的感受，善良仁慈。愿意感同身受的特质使我与人相处融洽，但情绪也容易受到外界影响。我更希望这一特质可以在教师、作家等职业中发挥作用。

——我更倾向于情感型性格。我关注关系和谐，善于理解别人的感受，重视个人的信念和价值观，主观，善良仁慈，愿意感同身受。在生活和学习中，我不会对一件烦心事纠结太久，人际交往中基本没有矛盾，与人相处都很和谐。我更适合社会工作者、心理辅导师、教师等职业。

综合以上观点，思考型和情感型的人在做决策时差异很大，思考型的人冷静客观，情感型的人善良仁慈，理解他人。学生们通过仔细的辨析可以明确不同特质给自己的生活、人际关系和未来职业带来的影响。

四、认识判断与知觉的优劣势（J-P维度）

J-P维度关注的是如何应对外在的世界。

性格类型的第四个维度是关于我们喜欢结构严谨（做决定）的方式还是自由宽松（获得信息）的方式，这也是两种相对极端的行为方式。

（一）典型性格

1. 判断型

判断型的人喜欢井然有序的感觉，当他们的生活被规划好，事情被解决好之时，他们是最快乐的。他们拥有判断的观点，并且喜欢做决定。判断型的人会想方设法管理和控制生活。

他们喜欢有计划、有条理的生活，并会试图调节和管理自己的生活。他们做出决策，得出结论，然后去做下一件事情。他们喜欢井然有序的生活；有时间概念、喜欢生活按部就班，有确定的秩序和结构；喜欢清晰的界限和分类；在相对比较封闭的环境中，对做出决定感兴趣；事先做计划，在截止期限之前按部就班地完成。他们的生活方式有计划、有条理，还喜欢把事情早做了结。对于他们来说，按照计划和时间表做事是非常重要，而他们会从完成事情之中取得动力。

2. 知觉型

知觉型的人以一种自由宽松的方式生活，并且当生活很有余地时，他们最感到快乐。他们拥有知觉的观点并且为所有的可能性留有余地。他们试图去理解生活而不是控制生活。他们即兴、灵活、随意，留有余地；行事随机应变；喜欢让事情不受约束和可以改变；从最后关头的压力之中得到动力；喜欢变通、随遇而安的生活，喜欢生活中新情况的发生，好奇、喜欢新鲜感，喜欢体验而非结果；喜欢无限探索的自由；喜欢开放的环境；会被认为没有条理和责任心，比较杂乱。

（二）生活经验

——我更倾向于知觉型性格。我喜欢变化，出门旅游一般不做计划，遇到新的环境、事物，我会感到惊喜。我的优势是比较有创造力，但做事没有头绪容易混乱。我适合文学研究类的工作。

——我更倾向于知觉型性格。我有好奇心，喜欢新鲜感，喜欢探索新事物。我对未知的事情总是充满了好奇，习惯去探索那些未开发的项目；做事情不会立刻下手，总是等到收集了很多资料才开始着手；喜欢顺其自然，但做事没有规划，常会拖延到最后一刻才开始认真做事。我对规则和常规感到沮丧，不喜欢看到事物的终结，而喜欢探索和找寻新鲜事物，热爱变化。我更适合从事与艺术、设计相关的工作，比如建筑设计、城市规划与设计等。

——我更倾向于判断型性格。我喜欢整整齐齐的环境，太乱会让我心烦；我做了计划就不喜欢改变，变来变去会很让我讨厌。

——我更倾向于判断型性格。我比较重视事情的结果，有时间观念，一般在任务最后期限到来前我会尽早提交成果，不喜欢拖延到最后，那太让人难受了。

综合以上观点，判断型和知觉型的人最大的不同是生活方式的差异，判断型的人追求有计划有秩序的生活，认知型的人对新鲜和变化充满好奇和向往，这意味着他们喜欢的工作环境完全不同。判断型的人在有框架、秩序规则严谨的环境中会感到舒服，如科研机构、银行等。认知型的人在弹性自由、充满变化的环境里会感到开心，如证券公司、设计公司等。

五、16种人格类型的特点与相关专业、职业选择

在 MBTI 人格类型理论模型中，四个维度中的两级正好组合为 16 种性格类型。这 16 种人格类型的特点及适合的专业与职业如下。

（一）ISTJ（监察者）

1. 性格特征

沉静，认真，贯彻始终、得人信赖而取得成功。讲求实际，注重事实，能够合情合理地决定应做的事情，而且坚定不移地完成，不会因外界事物而分散精神。无论在工作中，还是生活中，以做事有秩序、有条理为乐。重视传统和忠诚。

2. 适合的专业

工学类、农学类、医学类、经济学类、法学类、教育学类，管理学类等专业，如财政学、公安学、会计、金融学、统计学、机械工程、土木工程等。

3. 适合的职业

审计师、会计、财务经理、办公室行政人员、后勤和供应人员、企业管理人员、公务（法律、税务）执行人员等；银行信贷员、成本估价师、保险精算师、税务经纪人、税务检查员等；机械、电气工程师、程序员、数据库管理员、地质工作者、气象工作者、法律研究者、律师等；外科医生、药剂师、实验室技术人员、牙科医生、医学研究员等。

4. 典型案例：ISTJ 人格、软件工程专业

——我的优势在于安静谨慎、有时间观念，做事有逻辑、有计划；劣势在于人际交往少，要求高，过于追求完美。

——我适合的岗位：程序员、数据库管理员、办公室管理人员、后勤经理、信息总监和工程技术人员等。适合从事不需要与太多的人打交道、偏于理性、需要恪守职责的工作。

5. 典型案例：ISTJ 人格、机械制造及其自动化专业

——我的优势在于重视承诺，值得信赖，具有很强的专注力，具有条理性和准确性，坚定不移、深思熟虑。我喜欢工作环境安静、创新性强的科研类工作，享受解决问题带来的快乐，适合机械师、工程师等岗位。

（二）ISFJ（照顾者）

1. 性格特征

沉静、友善，有责任感和谨慎。能坚定不移地承担责任，做事贯彻始终、不辞辛劳、准确无误。忠诚，替人着想，细心，往往记着他所重视的人的种种微小事情，关心别人的感受。努力创造一个有秩序、和谐的工作和家居环境。

2. 适合的专业

文学类、艺术学类、法学类、教育学类、工商管理类、医学类、农学类等专业；

如公共管理等。

3. 适合的职业

行政管理人员、总经理助理、秘书、人事管理者、项目经理、物流经理、律师；医生、护士、药剂师、医学专家、营养师；大型商场、酒店管理人员，室内设计师等。

4. 典型案例：ISFJ 人格、建筑环境与能源应用专业

——我务实，有责任心，乐于助人，理解他人的感受，平和谦虚。我的优势在于认真负责，能够持续工作，对相同的工作内容不会感到厌倦，讲求实效，办事方法现实可行；劣势在于对反对意见过于敏感，在紧张的工作环境里感到压抑，如果得不到赞赏可能会灰心。我更适合教师这一职业，乐于和同学交流，在相对宽松的环境中发挥自己擅长的技能。

(三) ESTJ（管理者）

1. 性格特征

讲求实际，注重现实，注重事实。果断，很快做出实际可行的决定。能够注意日常例行工作的细节。有一套清晰的逻辑标准，会有系统地跟着去做，会以强硬的态度去执行计划。

2. 适合的专业

经济学类、法学类、管理类、教育学类、理学类、工学类、农学类、医学类中综合应用管理的学科，如工商管理、工程管理等。

2. 适合的职业

大中型外资企业员工、业务经理、中层经理（多分布在财务、营运、物流采购、销售管理、项目管理、工厂管理、人事行政部门）、职业经理人、各类中小型企业主管和业主。

3. 典型案例：ESTJ 人格、物联网专业

——我的性格特点是做事效率高，讲求实际，责任心强，直爽坦白，果断，认真可靠，有条理，守规则秩序，注重实际。我有大局意识，做事有方法，喜欢制订计划，工作细致认真并且能出色地完成任务，但我容易固执死板，不懂变通，会搞砸人际关系。我适合的岗位有公务员、教师、项目经理、总监等。

(四) ESFJ（组织者）

1. 性格特征

有爱心，尽责，合作。渴望和谐的环境，而且有决心营造这样的环境。忠诚，即使在细微的事情上也如此。能够注意别人在日常生活中的需求而尽力满足。渴望他人的赞赏和欣赏。

2. 适合的专业

法学类、教育学类、管理学类、医学类、农学类、工商管理类、文学类、艺术类等，偏向技能和管理的专业；如人力资源等。

3. 适合的职业

办公室行政或管理人员、秘书、总经理助理、项目经理、客户服务部人员、采购和物流管理人员等；护士，健康护理指导师，饮食学、营养学专家，小学教师（班主

任）、学校管理者等；银行、酒店、大型企业客户服务代表，客户经理，公共关系部主任，商场经理，餐饮业业主和管理人员等。

4. **典型案例：ESFJ人格、物联网专业**

——我非常重视与别人的关系，容易察觉出他人的需要，并善于给他人实际关怀，待人友好、善解人意并有很强的责任心，看到周围的人舒适和快乐也会感到快乐和满足，很健谈。我热情，有活力，乐于合作，有同情心，希望得到别人的赞同和鼓励。工作中的优势在于：能够有效地与他人协作，并与他人建立友好的人际关系。工作中的劣势在于：不愿意尝试、接受新的和未经考验的观点和想法，不愿意长时间独自工作，极其想要和他人在一起。我适合从事教师、社会工作者等传授他人知识、为他人排忧解难的职业，也适合从事公关、销售、采购、人力资源、口译和笔译等需要有较为出色的人际交往能力的工作。

（五）ISTP（工匠型）

1. **性格特征**

宽容，有弹性，是冷静的观察者，但当有问题出现时，便迅速行动，找出可行的解决办法。能够分析哪些方法可以促使事情顺利进行，也能够从大量资料中分析得出解决实际问题的关键措施。重视效率。

2. **适合的专业**

理学类、工学类、农学类、医学类、经济学类、工商管理类中偏向应用的学科。

3. **适合的职业**

机械、电气、电子工程师，各类技术专家和技师，计算机硬件、系统集成专业人员等；证券分析师，金融、财务顾问，经济学研究者等；贸易商、商品经销商、产品代理商（有形产品为主）等；警察、侦探、体育工作者、赛车手、飞行员、雕塑家、画家等。

4. **典型案例：ISTP人格、材料控制专业**

——我个性谨慎，做事细致、负责、周到，不怕被打扰，先想再做，多思，重视细节，务实，喜欢具体明确的任务；注重时间，好奇，开放，喜欢多样化的选择。工作优势在于：具有敏锐的观察力，在压力下面对危机能保持冷静，愿意冒险、尝试新事物。工作劣势在于：缺乏与他人交流的兴趣，过于独立。适合的工作岗位有程序员、材料工程师等。

（六）ISFP（手艺者）

1. **性格特征**

沉静、友善、敏感和仁慈，欣赏周遭所发生的事情，忠于自己的价值观，忠于自己所重视的人。不喜欢争论和冲突，不会强迫别人接受自己的意见和价值观。

2. **适合的专业**

文学类，艺术类，历史学类中偏向技能、美学设计和传播的学科，部分教育学或者农学，如服装设计、网络与新媒体、园艺等。

3. **适合的职业**

时装、首饰设计师，装潢、园艺设计师，陶器、乐器、卡通、漫画制作者，舞蹈演员、画家等；医生、护士、理疗师、牙科医生、个人健康和运动教练等；餐饮业、娱乐业业主，旅行社销售人员，体育用品、个人理疗用品销售等。

4. 典型案例：ISFP人格、建筑学专业

——我个性内向，做事细致，生活中比较注重美的事物，重视细节，考虑问题比较周全。我更愿意为他人提供支持与协助，适合从事与美学相关的工作，比如设计类工作。

（七）ESTP（企业家）

1. 性格特征

有弹性，宽容，讲究实际，对理论知识学习感到不耐烦，希望以积极的行动去解决问题。专注于"此时此地"，喜欢主动与人交往，喜欢物质生活享受，能够通过实践达到最佳学习效果。

2. 适合的专业

经济学类、法学类、工商管理类、工学类、农学类、医学类、理学类偏向应用的学科，如电子商务、法学等。

3. 适合的职业

各类贸易商、批发商、中间商、零售商、房地产经纪人、保险经济人、汽车销售人员、私家侦探、警察等；餐饮、娱乐及其他各类服务业的业主、主管、特许经营者、自由职业者等；股票经纪人、证券分析师、理财顾问、个人投资者等；娱乐节目主持人，体育节目评论人，脱口秀、音乐、舞蹈表演者，健身教练，体育工作者等。

4. 典型案例：ESTP人格、金融工程专业

——我个性活泼，随遇而安，天真率直；好奇而热情，能够包容自己和他人；喜欢行动而不是漫谈，是优秀的问题解决者，适宜外交谈判，讲究实效。我擅长社交，善于通过缓和气氛化解紧张的局势。缺点在于缺少计划，会错过许多机会，有时容易忽视他人的感受。我适合的职业如销售员、侦探、警察、金融工作者等，可以满足我的好奇心并发挥我观察力强的优势。

5. 典型案例：ESTP人格、物联网专业

——我善于团队合作，能积极解决问题，不感情用事，思路开阔，办事效率高。劣势是不能很好地维持同事关系。我适合在一个没有太多规则约束的环境中工作，完成自己的任务后可以享受自由的时间。我善于从事手工操作等可以不断实践的技术工作，适合的职业有承包商、厨师、电器工程师、电信网络专家等。

（八）ESFP（表演者）

1. 性格特征

外向，友善，包容，热爱生命，喜爱物质享受，喜欢与他人共事。富有灵活性，易接受新朋友和适应新环境。与他人一起学习新技能可以达到最佳学习效果。

2. 适合的专业

文学类、艺术类、历史学类、教育学中偏向应用和传播的学科，如广告学、法语等。

3. 适合的职业

精品店、商场销售人员，娱乐、餐饮业客户经理，房地产销售人员，汽车销售

人员，市场营销人员（消费类产品）等；广告企业中的设计师、创意人员、客户经理，时装设计和表演人员，摄影师，节目主持人，脱口秀演员等；旅游企业中的销售、服务人员、导游，社区工作人员，公共关系专家，健身和运动教练，医护人员等。

4. 典型案例：ESFP人格、土木专业

——我喜欢参加团队活动，有责任心，做事积极。但我的边界感不强，灵活性不强，有时会在意他人而忽略自己的感受。我擅长社交，可以快速融入社会，适合建筑师、项目承包者、房地产交易人员等职业。

（九）INTJ（战略者）

1. 性格特征

富有创意，有很大的冲劲去实践自己的理想，直至达到目标。能够很快掌握事物发展的规律，确立长远的发展方向。一旦作出承诺，便会有条理地开展工作，直到完成为止。有怀疑精神，独立自主；无论是为自己还是他人工作，均有高水准的表现。

2. 适合的专业

管理学类、法学类、理学类、经济学类、哲学类等。

3. 适合的职业

科研人员、设计工程师、系统分析员、计算机程序师等；技术顾问、企业管理顾问、投资顾问、法律顾问、精神分析学家等；经济学家、投资银行研究员、证券投资和金融分析员、投资银行家、财务计划人、企业并购专家等；建筑师、社论作家、设计师、艺术家等。

4. 典型案例：INTJ人格、建筑环境设计专业

——我的优势在于善于探索，对未知事物充满好奇，思维严谨、富有逻辑，重视计划，独立自主；缺点在于面对别人的意见往往持怀疑态度，容易拒绝别人的帮助，有时容易把自己的想法强加于人。我适合从事科研工作或建筑行业设计师、工程师等需要创造性地解决问题的职业。

5. 典型案例：INTJ人格、计算机科学与技术专业

——我的特质是喜欢创造，崇尚独立，对事物要求标准高，工作原则强、有逻辑性，办事果断。优势在于：能客观地审查问题，能创造性地解决问题；能很好地适应一个人单独工作。劣势在于：当计划中的创造性任务完成后就对该计划失去兴趣；不愿意花时间适当地欣赏、鼓励同事；对工作所要求的一些"社交细节"没有耐心。我适合从事那些有规划、有创造性，需要独立自主完成、要求逻辑分析能力强的工作，如金融行业的工作通常需要具有较强的逻辑分析能力、全球眼光以及长期规划能力，再如计算机行业研发类岗位要求具有逻辑思维能力和创造力。

（十）INTP（思考者）

1. 性格特征

对任何感兴趣的事物，都要探求一个合理的解释，独立思考多于社交活动。在感兴趣的领域内，能发挥非凡的能力专注而深入地解决问题。有怀疑精神，有时喜欢批评。

2. 适合的专业

理学类、历史学类、工学类、农学类、医学类、哲学类、设计类，民族学类、社会学类，经济学类，工商管理类等专业。

3. 适合的职业

软件设计员、系统分析师、程序员、数据库管理员等；大学教授、科研机构研究人员、数学家、物理学家、经济学家、考古学家、历史学家等；证券分析师、金融投资顾问、律师、法律顾问、财务专家、侦探等；发明家、作家、设计师、音乐家、艺术家、艺术鉴赏家等。

3. 典型案例：INTP人格、软件工程专业

——我做事严谨认真，喜欢分析问题、解决问题，对于抽象事物有较强的理解能力，富有想象力。我的劣势在于不善于表达自己内心的想法。我适合从事技术研发类工作，如软件工程开发（因为做事专注，抽象思维能力强，对技术研发有较大的兴趣）、程序开发（能对一个程序项目进行分析并找出创新性方案，运用自身理解能力纠错，并喜欢以更有效的方式解决问题），还适合从事大学教师职业（对数学等学科感兴趣，喜欢探索新知，并乐于为人们答疑解惑）。

4. 典型案例：INTP人格、地理信息系统专业

——我的优势在于独自工作时工作效率很高，常表现出创造力。我精力充沛，喜欢新的项目，具有严密的逻辑，善于用语言描述思路。我的劣势在于不擅长社交，做事条理性不足。我适合的岗位特征是：需要解决复杂的问题，需要把精力投入富有创造性、逻辑性强的任务，不需要花时间组织或管理他人，可独立工作，有大量的不受干扰的时间，有较多的需要深入思考的任务。我适合的职业有学术研究人员、心理咨询师、IT行业智能工程师等。

（十一）ENTJ（统帅者）

1. 性格特征

坦率，果断，乐于领导他人，可洞察到工作中不合逻辑和缺乏效率的问题，并制定和实施全面、有效的制度解决一些组织上的问题。博学多闻，勇于提出自己的主张、看法。

2. 适合的专业

管理学类、法学类、军学类、经济学类、理学类、工学类、农学类、医学类，如法学，工商管理等。

3. 适合的职业

各类企业的高级主管、总经理、社会团体负责人、政治家等；投资银行家、风险投资家、股票经纪人、公司财务经理、财务顾问、经济学家、企业管理顾问、企业战略顾问、项目顾问、专项培训师等；律师、法官、知识产权专家、大学教师、科技专家等。

4. 典型案例：ENTJ人格、软件工程专业

——我的优势在于性格开朗，对新事物接受能力强，适应能力强，处事冷静，擅长分析；劣势在于做事规范性不强，易分心。我适合的岗位特质是冷静、有挑战性，如技术培训人员、程序员、大学教师、企业战略顾问等。

(十二) ENTP（发明者）

1. 性格特征

思维敏捷，有洞察力，善于激励他人，勇于发言，能随机应变地应对新的和富于挑战性的问题。

2. 适合的专业

政治学类、工学类、农学类、医学类、设计学类、经济学类、金融学类、工商管理类。

3. 适合的职业

投资顾问（房地产、金融、贸易、商业等）、各类项目的策划人和发起者、投资银行家、风险投资人、市场营销人员、产品销售经理、广告创意、艺术总监、访谈类节目主持人、制片人等公司对外发言人、社团负责人、政治家等。

4. 典型案例：ENTP人格、材料控制专业

——我热情开放、富有想象力，优势在于具有探险精神、创新意识以及克服困难的勇气，喜欢学习新知识；天生好奇，能快速地收集信息。劣势在于问题一旦解决就没有了兴趣，不喜欢重复地做相同的工作。我希望做能够充分发挥创造性和开拓性，并能得到认可与鼓励，在快速成长的环境里从事挑战性的工作，在工作中可以不断提升能力。我适合可以让我兴奋与迎接挑战、不断有所创造的职业，如企业家、发明家、管理顾问、项目开发者、摄影师等。

5. 典型案例：ENTP人格、金融工程专业

——我在工作中的优势是不怕风险，有较强的分析能力、创新能力。我更适合工作环境相对自由和权力较大的岗位。我适合的职业类型是需要分析和有挑战性的职业，如公关员、金融分析师、投资顾问。这些职业的工作内容具有较强的变化性，从业人员需要具有较强的规划能力和随机应变能力。

(十三) INFJ（创作者）

1. 性格特征

渴望了解激发人们前进的动力，有洞察力，尽责，能坚守他们认可的价值观念，能有条理、果断地实践他们的理念。

2. 适合的专业

教育学类、心理学类、社会学类、艺术学类、文学类、哲学类。

3. 适合的职业

心理咨询工作者，心理诊疗师，职业指导顾问，大学教师（人文学科、艺术类），心理学、教育学、社会学、哲学及其他领域的研究人员等；作家、诗人、剧作家、编剧、导演、画家、雕塑家、音乐家、艺术顾问、建筑师、设计师等。

4. 典型案例：INFJ人格、建筑学专业

——我的优点是对于重要的项目非常专注，做事执着；有创造力，能提出独树一帜的解决问题的方法；关心他人；独立，有很强的个人信念，对自己信仰的职业尽职尽责。我的缺点是有时会比较死板；很难把复杂的想法表达出来。我适合的职业有设计师（可以发挥我的创造力）、诗人（可以创作）、教师（可以和学生分享自己的想法）。

（十四）INFP（疗愈者）

1. 性格特征

理想主义者，忠于自己的价值观及自己所重视的人。有好奇心和预判力，能迅速判断事情的可行性，能积极推动理念的实践落实。

2. 适合的专业

文学类、艺术学类、历史学类，教育学类、社会学类，哲学类、心理学类。

3. 适合的职业

艺术家、插图画家、诗人、小说家、建筑师、设计师、文学编辑、艺术指导、记者等；大学老师（人文类）、心理学工作者、心理辅导和咨询人员、社科类研究人员、社会工作者、教育顾问、翻译等。

4. 典型案例：INFP人格、土木专业

——我看重真实性，忠于自己的想法。我的优势在于理想主义，诚实正直，有奉献精神；我的劣势在于过度敏感，不切实际，容易受伤。我在建筑领域更适合建筑师的工作。如果让我重新选择，我更喜欢文学、心理学、哲学等领域。

（十五）ENFJ（教育者）

1. 性格特征

高度关注他人的情绪、需求和动机，能够看到每个人的潜质，乐于帮助他人发挥潜能。忠诚，对赞美和批评都能做出很快的回应。社交活跃，有启发他人的领导才能。

2. 适合的专业

教育学类、社会学类、民族学类、管理学类、文学类、哲学类、艺术学类。

3. 适合的职业

人力资源培训人员，销售，团队培训员，职业指导顾问，心理咨询师，大学教师（人文学科类），教育学、心理学研究人员等；记者、撰稿人、节目主持人（新闻、采访类）、公共关系专家、社会活动家、文艺工作者、平面设计师、画家、音乐家等。

4. 典型案例：ENFJ人格、商务英语专业

——我具有很强的好奇心和探索欲，对于自己感兴趣的事物会表现出极大的热情，并能持之以恒地坚持下去。我喜欢思考问题、分析问题，而不是只做表面功夫，在人际交往中，往往给人以成熟稳重的感觉。我善于观察他人的情绪变化，如果发现某个人心情不好，就会主动上前询问原因，并且给予安慰。我适合的岗位特征有：能与他人建立并维持友好、真诚的人际关系，与人打交道，帮助他人发挥潜能。我适合教师、辅导员等职业，这些职业能够改善和提高他人的生活；也比较适合从事商业、金融、咨询、培训等工作。

5. 典型案例：ENFJ人格、建筑环境专业

——我个性积极热情，对人和善，性格外向，做事积极主动，在团队合作中积极发表意见，善于听取他人意见，但有时候话多会让人厌恶。我适合在本专业领域从事项目负责人、经理、咨询顾问、人力资源师等需要和人打交道的职业。

（十六）ENFP（激发者）

1. 性格特征

热情，热心，富于想象力，认为生活充满很多可能性。能很快找出事件之间的关联，对解决问题很有信心并按照自己的方式去做。渴望得到他人的肯定，同时也乐于欣赏和支持他人。

2. 适合的专业

艺术类、文学类、教育学类、政治学类、民族学类、社会学类、哲学类等专业，如外语、外交学等。

3. 适合的职业

投资顾问（房地产、金融、贸易、商业等）、投资银行家、风险投资人、市场营销人员、各类产品销售经理、广告创意、艺术总监、访谈类节目主持人、制片人等、公司对外发言人、社团负责人、政治家等。

4. 典型案例：ENTP人格、新能源专业

——我的个性乐观、积极，为人善良，我的优势在于：心态稳定、思维灵敏，富有创造力，自信；善于发现解决问题的新方法，敢于冒险，克服障碍；接受能力强，求知欲强。劣势在于：对缺乏独创性的事情没有耐心，不喜欢墨守成规。我更适合在企业里做战略策划、咨询顾问等工作。

课后练习

1. 请查询一个目标职业的信息，包括这个职业的工作内容、职责、需要的能力和技能等。

_____
_____
_____

2. 请根据MBTI的四个维度找出描述自己优劣势的词汇，简述胜任该职业的理由。

_____
_____
_____

第三节 你擅长做什么

一、能力的概述

能力包括能力倾向（或天赋）和技能。能力倾向（或天赋）是指每个人都有的上

天赋予我们的特殊才能（潜能）。技能是指经过学习和练习而培养形成的能力。

二、技能的分类

技能又分为三种类型（辛迪·梵和理查德·鲍尔斯的技能三类型理论）：知识技能、自我管理技能和可迁移技能（或称为通用技能）。而这三种技能通常就是需要在简历中重点表现的能力。

（一）知识技能

知识技能就是我们学习的内容，所懂得的东西。一般用名词来表示。专业知识技能见表1-1。

（二）自我管理技能

通常意义上的个人素质，是用来描述或说明人具有的某些特征，在工作中对取得成就和处理人际关系是不可缺少的。"它们是成功所需要的品质，是个人最有价值的资产。"一般以形容词和副词的形式出现。自我管理技能见表1-2。

表1-1　　知识技能列表

序号	知识技能列举
1	所学知识技能
2	计算机技能
3	外语技能
4	写作技能
5	……

表1-2　　自我管理技能列表

序号	自我管理技能列举
1	积极主动
2	耐心细致
3	热情开朗
4	富有创意
5	……

（三）可迁移技能

可迁移技能通俗地讲就是你所能做的事，也被称为通用技能，可以从生活中的方方面面迁移应用于不同的工作之中。一般用行为动词来表达。可迁移技能见表1-3。

表1-3　　可迁移技能列表

序号	可迁移技能列举
1	人际沟通
2	创新创造
3	激励授权
4	组织管理
5	……

完整、全面地将"知识技能、自我管理技能和可迁移技能"结合表达，能够有效地向他人展示自我能力。比如说在一次计算机大型实验中，某同学通过这样的事例描述来说明自己的能力："积极主动地"＋"分析和解决"＋"计算机汇编设计问题"。

三、技能的辨识—成就事件

通过对成就事件的回忆与叙说可以清楚地辨识其中的知识技能、可迁移技能和自我管理技能。

（一）成就事件的分类

在实际应用中，以成就事件清单来对成就事件进行分类，成就事件清单见表1-4。

表 1-4　　　　　　　　　　　成 就 事 件 清 单

现实型能力	研究型能力	艺术型能力
装配	分析、比较数据或资料	创作音乐
建筑或建造	搜集资料或者数据，分类	唱歌或者演奏
协调手足活动	解决问题	装饰或者布置室内建筑物或者空间
用体力搬运物件	评估数据、他人或者事物	有创意地处理色彩
操作机器或工	作决定	有创意地处理空间、面孔或摄影
栽种植物	以文字、数字或符号来表达想法	栽种植物
饲养动物	作逻辑性思考或者推理	以文字或者文章有创意地表达感受
安装配件	发明或者创造新的事物	创作或者制作模型或者雕刻品
在户外/野外活动/操作	记忆力	以艺术的眼光观察或者评估事物
修理物件	诊断和判断问题的所在	
操作机器或工具		
社会型能力	企业型能力	常规型能力
辅导他人、提供意见	推销货品	关注细节
关心或者照顾他人感受	领导他人	点算存货
聆听	演讲、发表意见	计算
与别人建立良好关系	组织团体活动	处理财务
教导他人	尝试冒险	策划财务预算
表达感同身受	管理别人或工作计划	准确地记录资讯
鼓励或激励他人	说服他人接受自己的看法	分类及储存档案或物资
照顾和服务他人	策划改变	跟随指示或说明，按已定步骤完成任务
引发他人表达和分享	领导或者带领会议聚会	清楚地处理或者组织数据
欣赏他人，愿意和别人分享	开创新的工作计划	清楚地掌握详细数据或者资料

（二）成就事件的撰写

回忆过往的成就事件有助于帮助我们了解优势、潜能，辨识其中的知识技能、可迁移技能和自我管理技能。

课堂练习1-1　　成就事件的撰写

回忆过往从小到大有成就感的事件，特别是进入大学后的学习、兴趣爱好特长、有薪无薪的实习工作、竞赛、社团工作与社会实践、志愿者工作等。选取其中觉得有成就感的事件按照以下思路进行书写。

（1）目标：当时你想完成的目标。

（2）情节：在成就事件前你都做了哪些准备？在成就事件中你都克服了哪些困难和障碍？

（3）动力：支持你这样做的动力是什么？

（4）结果：你都取得了哪些结果？

（5）知识和技能：成就事件带给你哪些知识、技能和收获？

课后练习

撰写你的七个成就事件，并从中挖掘自己的核心优势。

_____
_____
_____
_____
_____
_____

第四节　你想要什么样的生活

一、价值观的概念

价值观是人对周围事物的一种评价或态度，是人们在一定环境中的动机、目的需要和情感意志的综合体现。同时价值观是一种价值体系，在生命中你会将什么看成最重要的，什么让你最重视、什么让你最感兴趣，你生命的意义是什么？理想的工作是能够实现我们的价值观取向和人生意义的领域，那么，我们就需要知道自己的价值是什么？

二、工作价值观的分类

美国学者舒伯（Donald Super）提出将工作价值观分为三类：一是与职业本身有关的一些因子，如职业的创造性、独立性等；二是与职业本身性质无关的一些因素，如工作环境、同事关系、领导关系及职业变动性等；三是外在的报酬，如职业的安全性、声誉、经济报酬以及职业所带来的生活方式等。具体可以包括15个方面，见表1-5。

表 1-5　　　　　　　　　　工 作 价 值 观 列 表

类　　型	工作的意义和目的
利他主义	直接为大众的幸福和利益尽一份力
美的追求	致力使这个世界更美好，且自己能得到美感的享受
创造发明	能发明新事物，设计新产品或发展新观念
智性激发	提供独立思考、学习与分析事理的机会
独立自主	允许个人以自己的方式进行，不受太多限制
成就满足	看到努力后的具体成果，并获得精神上的满足
声望地位	提高个人身份或名望，受到他人的推崇和尊重

续表

类　型	工作的意义和目的
管理权力	有权力来策划工作、分配工作，且管理下属
工作环境	有比较舒适、轻松、自由、优越的工作条件
安全稳定	提供安定的生活保障，即使经济不景气也不受影响
同事关系	与志同道合的伙伴一起工作，关系融洽
上司关系	与上司平等且相处融洽，获得赏识
经济报酬	获得优厚的报酬收入，生活较为富足
多样变化	能尝试不同的工作内容、多姿多彩有变化
生活方式	能选择自己想要的生活方式，实现自己的理想

课堂练习 1-2　　工作价值观澄清

从以上工作价值观中筛选最重要的五项工作价值观，仔细地思考，你希望从工作中获得什么？

例如：我希望获得的工作可以让我有创造产品的机会，我希望在工作中不断地迎接挑战，激发智力。所以我选择计算机程序员工作。

_____
_____
_____
_____

三、关于工作价值观的案例

——我认为生命的价值在于帮助和引导他人获得成就感。我喜欢跆拳道，乐于助人，动手能力强，观察能力强，会聆听、懂沟通，勇于面对困难。我善于理解他人和帮助他人，乐于搭架人和人之间沟通的桥梁。我参加运动会，并在运动会中勇于拼搏，不放弃。

——我担当社区志愿者，帮助老人融入集体。我在志愿活动中明白了人与人之间聆听与理解的重要性。我想成为一名心理咨询师，帮助他人获得心理满足的需求。因为我擅长聆听，也擅长观察他人，从事这一职业符合我自己愿意花时间去了解和解决他人问题的个人价值观。我认为，与其抱怨身外的世界，不如提灯前行，让自己成为一道光，照亮世界的角落。

——未来，我希望把生命的热忱投放在医学领域，为人民服务。我参加过众多中英文演讲比赛，可与国外学者交流自如。我曾作为志愿者看望老兵。我主要想从事医学工作，当个医生，更好地治疗癌症患者，减轻患者的痛苦。

——我希望成为一名芯片研发人员，并在专业领域取得一些发明创造成果，推动社会进步。

——我希望成为一名建筑环境工程师，为人们提供更为舒适的居住环境。

——我渴望发挥外语优势，成为一名外交官。我以后一定要有所作为，一定要给这个世界带来点什么,做一些积极的推动,做一个可以推动世界改变的人。

工作是我们实现个人价值的载体,当我们可以清楚地描述自己的工作价值观时,在简历和求职的过程中就可以自如表达生命的意义,这会让面试官有眼前一亮的感觉。

1. 列举你的前五项工作价值观。
_____
_____
_____
_____

2. 请说出一个目标职业,说明在该职业中可以满足你哪些工作价值观?
_____
_____
_____
_____

第二章 应聘求职前的信息搜集

第一节 如何搜集就业信息

当今社会是信息化的世界,一个人要想获得成功,必须要掌握大量的相关信息,谁拥有了有效快捷的信息,谁就拥有了制胜权。大学生就业也是如此,要想在求职时顺利成功,就要在求职前做好充分的准备,尤其是要做好求职信息的搜集与整理工作,唯有如此,才能起到事半功倍的效果。

一、搜集就业信息

(一)搜集就业信息的方法

(1)全方位搜集法。把与所学专业相关的就业信息统统收集起来,再按一定的标准进行整理和筛选,以备使用。

(2)定方向搜集法。根据自己选定的职业方向和求职的行业范围来搜集相关的信息。这种方法以个人的专业方向、能力倾向和兴趣特长为依据,便于找到适合自己特点、更能发挥优势的职业和单位。

(3)定区域搜集法。根据个人对某几个地区的偏好来搜集信息,而对职业方向和行业范围较少关注和选择,这是一种重地区、轻专业方向的信息收集法。

总之,应当根据个人的实际情况将上述几种方法综合起来,以便能搜集到合适的就业信息。

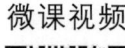

如何撰写简历

（二）搜集就业信息的途径

（1）高度关注国家、地方就业指导机构的信息。通过毕业生就业指导机构、掌握国家和地方有关就业的方针、政策，收集用人信息。这是毕业生获取就业信息的重要途径。

（2）充分利用本校毕业生就业指导服务机构获得信息。学校就业指导服务机构同地方各级主管部门和有关单位保持着广泛而密切的联系，并在与用人单位的长期合作中，建立了稳定的关系，了解并掌握大量的人才需求动态和信息，获得就业信息的针对性、准确性、可靠性较强，就业政策掌握得比较全面、准确，并具有一定的指导性，是毕业生重要的求职信息源。

（3）积极参加地区、行业、高校举办的就业"双选"招聘会。为解决本地区、本行业、本校生源毕业生就业问题，解决用人单位合理配置人才的需求问题，各地人事部门和教育部门、各行业、各高校都会举办一些定期或不定期的就业"双选"招聘会，这类招聘会具有较强的供需针对性，毕业生到该招聘会查询到的本专业需求信息也比较准确、可靠，这对毕业生来说也是立足本地就业的一种重要信息渠道。

（4）通过各种大众传媒获取信息。一些用人单位常常通过报纸、杂志、广播、电视等大众传媒介绍本单位的现状、发展前景，公布人才需求信息。毕业生可通过报纸、电视、广播、杂志等公共传媒收集大量的就业信息，也可以通过社会传媒刊登个人求职信息，以便用人单位与自己直接联系，尽快得到确切的信息。这也是毕业生捕捉就业信息的有效渠道。

（5）有效利用网络。网上求职的特点是信息流量大、更新快，用人单位和求职者交流便捷、迅速，这是目前最热门也是最快捷的获得就业信息的有效渠道。毕业生可以随时通过众多单位的人力资源网站，查询数万条有效信息。同时，可以直接把履历表用电子邮件的方式寄给对方。求职者也可以经由网络了解公司的背景资料、营运状况等，甚至可以通过网络进行视频应聘。但需要注意的是网络信息的不可过滤性，在使用网络信息时需要甄别信息，以免跌入就业的陷阱。

（6）利用家庭和各种社会关系获取信息。通过毕业生家长、亲戚、校友、好友、熟人和各种关系的人了解社会需求信息往往针对性更强，获取的信息也比较准确、直接，就业成功率也比较高。因此这也是毕业生获取就业信息直接可靠的有效渠道。

（7）通过社会实践和各种教学实习获得信息。通过毕业实习，到企业参加社会服务、社会调查等社会实践活动，不仅能使毕业生所学的知识直接应用于生产，服务于社会，而且能开阔毕业生视野，了解社会对毕业生素质的基本要求和这些单位对毕业生的需求情况。同时也有利于毕业生与用人单位的先期沟通，它是毕业生主动适应社会获取就业信息的又一途径。

（三）搜集就业信息的原则

求职信息搜集工作的好坏，直接关系到求职择业的效果。搜集就业信息时必须遵循以下原则：

（1）准确性。这是信息搜集的基本原则，一方面要求信息真实可靠，另一方面必须严格分析、筛选，去伪存真。

（2）明确性。搜集就业信息不能漫无边际，也不能只盯住一点。信息的范围太大或太小都不利于职业选择。应根据求职择业的实际需要有针对性地进行。如果在就业信息搜集过程中不明确目标，不加限制地收集，就会造成时间和人力上的浪费，影响求职择业的实际成效。

（3）系统性。系统性就是把收集到的相关信息积累起来，进行加工和整理，从而反映当年的就业动向，为自己在就业工作中把握大局提供依据。这样保证了就业选择的准确性，避免就业中的片面性。

（4）时效性。就业信息价值的大小与其搜集、传递、使用是否及时直接相关。因此要以最少时间、最快速度及时地搜集和获取就业信息，以提高信息的有效性和利用率。越早获得就业信息，就越容易在求职择业中占据优势地位。

二、了解目标企业与职位信息

可以通过以下三个步骤，进行目标职业信息的收集和分析。

（1）自选一种目标职业，通过以上列举的途径和方法对该职业信息进行收集并进行分析，列出该职业的要求。

> 招聘要求列表
> 1.
> 2.
> 3.
> ……

（2）通过生涯人物访谈方法，对目标职业从八个角度进行分析。

八个角度	内容描述
简介	
教育/培训	
证书/资格证	
薪水信息	
所需要的技能	
工作条件	
前景	
结论	

（3）选择一至两家你感兴趣的公司，对该公司的发展情况进行深入的分析。

分析项目	分析内容
公司名称	
公司性质	
公司所处地域	
所处行业及行业内排位	
行业前景	
管理层情况	
招聘员工数量趋势	
招聘员工层次趋势	
近三年员工离职率	
公司盈利情况	
公司薪酬情况	
业内人士评价	
……	

搜集目标职业和企业的信息，结合目标职业和企业的分析，请思考这些目标与自身的匹配度以及达到这些目标的可能性。

第二节 如何筛选求职信息

一、求职信息筛选与解读

（一）求职信息的筛选

1. 分析和比较

针对具体的就业信息，要注意分析该行业的发展前景和职业发展潜力。要把那些符合个人兴趣、适合自身条件的信息筛选出来，再作进一步的了解。分析到该单位的现实可能性及利弊得失。比较不同单位、不同岗位的差异以及个人对这些岗位的适应程度，以及不同单位的发展变化趋势。此外，也可与亲朋好友、老师同学进行商量和讨论。

2. 分类和排序

要认真领会就业政策和形势，把握当年就业的基本趋势。毕业生应对所获信息进行分析：是政策鼓励的、还是约束的，是政策许可的、还是限制的。结合就业政策、个人情况，对所获信息进行分类整理，排除无用信息，按照与专业有关与否以及有意向确定联系的标准进行分类,并且把每一类信息进行排序,从中选择几个信息,作为求职的重点方向,在规定时间内,做出回应。

3. 进一步挖掘

要重视每一条有用或相关的信息,不要忽略或轻易放弃。要能够在信息中发现有价值的内容,找出单位用人的特点、标准、喜好等别人不容易看到的方面,了解企业的文化和价值,从而提高竞争的优势。要对看似与己无关的信息加以挖掘,找出个人和信息之间的契合点,以避免与更好、更多的机会擦肩而过。

4. 及时反馈

得到就业信息,选定择业方案之后,就应该及时做出反映。常言道"机不可失,失不再来。"要向用人单位发函或投送个人材料,并跟踪用人单位的反应,避免无谓的等待。如果求职失败,要冷静分析原因,并抓紧时间联系下一个单位,以求新的机遇。

5. 结合国家和社会需要来考虑

要把个人意愿和国家需求结合起来,当个人利益与国家利益、集体利益发生矛盾时,要顾全大局,服从国家和社会的需要,并根据社会需要与个人能力、愿望做出职业选择。要用发展的眼光、长远的观点来筛选信息:不能只盯在大城市、发达地区的需求信息上,也要注意基层、边远地区的需求信息;不能只关心机关、大企业的需求信息,还要注意基层、中小企业、非国有企业的需求信息。

(二) 求职信息的解读

招聘信息一般由以下几个部分构成:招聘的概要信息、职位描述、岗位要求(任职资格)、公司简介、联系方式等。每一部分都可以透露出公司(或发布人)的特色。

下面,以某公司市场专员招聘启事为例,分析如何解读求职信息。

招 聘 启 事

概要信息

××食品有限责任公司

公司行业:食品生产加工/销售/科研/服务

公司类型:国企

公司规模:1000~1500人

招聘职位:市场部市场专员

发布日期:2010-03-05

招聘人数:3人

工作性质:全职

薪水待遇:面议

工作年限:无

最低学历:本科

职位描述

协助市场部完成产品的策划、品牌推广等工作,完成市场部下达的业务开展指标,维护客户关系。

任职资格
（1）营销专业本科及以上学历。
（2）具有市场策划、品牌推广或产品管理、市场管理等一年以上工作经验。
（3）熟悉商超业务市场。
（4）熟悉数据统计分析优先。
（5）要求应聘人员有团队精神，能承受工作压力，具有发展潜质。

公司简介
本公司是集科研、生产加工及应用服务于一体的大型食品科技企业，是北京市科委、北京市科学技术研究院下属重点企业，为×××技术发展总公司和×××实业总公司两家国有企业所控股，公司凭借雄厚的资金和较高的技术管理水平，在食品饮料及豆制品开发和市场销售等方面取得了良好的成绩。

公司厂房面积有16000多平方米，共分三大车间，有两个自有品牌，在果汁和豆制品领域分别有一席之地，在北京的零售店、超市已接近1300余家，半数以上为大型连锁超市及综合商厦。

其他事项
有意者请将简历、相关证书复印件及一张近照寄往：
××地××公司　人力资源部收　邮编100035
传真：010—××××
E-mail：××××@126.com
请勿重复投递简历！

1. 从概要信息中看公司

从行业类别和公司规模来看，该公司属大型企业，是集生产、销售、科研于一体的企业。从招聘职位和信息发布日期上看，企业目前需要的开拓市场人员，急需扩大市场份额。从学历及工作年限来看，企业对员工要求资历不是很高，给刚毕业的学生提供了大好机会。从工作性质来看，要求全职，这就排除了一部分想做兼职的应聘者，另外，也是企业为保障良好的市场运作和管理的方式之一。从企业性质来看，国企一般情况下是比较稳定的，企业的福利制度比较完善，这也是吸引求职人员加入的原因。

2. 从职位描述中看工作

从职位描述中可以看出今后在从事的工作岗位上都要做哪些具体工作，本则招聘信息中，主要是协助市场部领导完成市场方面的推广工作，它不仅涉及企业产品的营销策划、产品拓展，还有客户维护方面，从这个职位上，可以充分锻炼自己和发展自己。对员工来说，发展空间还是相当大的，为市场营销方面的专业人才提供了一个全面提升自己的机会。

3. 从任职资格中看要求

第一条说明了对学历和专业的要求，这是企业招聘员工最基本的条件。第二条是对应聘者的工作经验要求。第三条和第四条分别列出了企业所需市场专员与其他公司的市场专员所具备的特殊经验或技能，这有利于企业选拔优秀人才，开展岗位工作。同时，也便于有相关技能和工作经验的人才能够根据自己的特长寻觅适宜的岗位。可以说，任职资格是企业招聘中最关键的一条信息，也是求职者是否有资格胜任企业工作和岗位最关键的一点，这就需要求职者在简历提供和面试时，重点突出自己的优势以求得用人单位的青睐。第五条说明了企业要求应聘者所具备的团队合作精神和发展潜质，这是每一个职场人都应具备的良好品质。

4. 从公司简介中看企业行业地位

从公司简介中，可以了解到企业在行业中有一定地位，产品深得消费者喜欢，属快速消费品行业。同时，也帮助应聘人员更好地了解企业运作、任职资格和岗位需求。在简介中，突出了企业的政府背景和国企控股的特点，为应聘人员提供了心理上的保障。但同时，国企的管理方式、机构设置、人员安排等一些与市场经济不相符合的管理方法，也给求职者一个心理准备。

5. 从其他信息中看注意事项

从其他信息中可以看出，企业为求职者提供了一个很好的投放求职信息的渠道，除了传统的邮寄、传真之外，还有电子邮件的方式，帮助求职者根据自己的需要选择。同时，请勿重复投递简历，这附加一条，也说明了企业不希望求职者三种方式都要选用，给企业的人事部门带来繁重的工作量。为保险起见，建议求职者最好采用传真或寄挂号信的方式，使自己的求职信息有效地到达人力资源主管手中。

二、目标职业信息收集和分析

目标职业信息的收集和分析是非常重要的。求职者要非常清楚目标职业的知识、技能等方面的要求，并了解在哪些行业对该职业有广泛的需求。可以参考的网站如前程无忧、智联招聘等。

在求职前，求职者可以自选一种目标职业，通过以上列举的途径和方法对该职业信息进行收集并进行分析，列出该职业的要求。

(一) 电气工程师

1. 岗位职责

(1) 全面负责电力项目现场电气技术工作。

(2) 协助完成电气产品的交货、安装和试验验收等工作。

(3) 负责代表总承包方与项目业主进行必要的技术交流和澄清。

(4) 负责做好相关技术资料积累和整理工作，定期完成项目技术工作报告。

(5) 完成领导安排的工作和与工作职责相关的其他工作。

2. 工作经验

一年以上电网、电厂生产一线工作经历，电气自动化、自动化、机电一体化等专业；接受优秀应届毕业生。

3. 通用能力与个人素养

（1）知识/技能：熟知继电保护、高电压、一次及二次设备原理和安装调试或具有施工现场的工作经验；熟练应用电脑的系统软件，熟练使用 CAD。

（2）能独立开展工作，及时协调、解决现场问题。

（3）具备较强学习能力和团队精神，理解力强并善于沟通。

（4）工作认真细致、责任心强。

（二）电子工程师

1. 岗位职责

（1）负责分析笔记本电脑线路，发现问题能及时处理分析。

（2）负责解决新机型导入过程中发现的设计开发问题，并与研发总部和客户沟通协调解决。

（3）协调、服从组织观念，协助达成部门 KPI。

2. 任职资格

（1）电子相关专业，具有较好的英文书写和口语能力。

（2）熟悉计算机硬件架构，有 ODM 厂电子失效分析经验者优先。

（3）具备一定的电子电路不良分析能力，熟练使用不良分析常用的电烙铁、示波器等工具。

3. 通用能力和个人素养

具有电脑操作能力、器件识别和选型能力、电路分析能力；工作热情，有责任心，做事严谨。

自选一种目标职业，通过以上列举的途径和方法对该职业信息进行收集并进行分析，列出该职业的要求。

_____
_____
_____
_____
_____

第三节　如何撰写简历

一、简历的重要性和撰写原则

（一）简历的重要性

简历是面试邀请的方法之一，简历不仅应该是你的"自传"，而且应该是你的

"商业名片"、自我推销的工具,是一种个人广告,用来展示你的能力以及它们对于用人单位的价值。简历的主要目的是帮助你获得笔试、面试的机会。简历的评估应遵循以下标准:"它会有利于我获得面试的机会吗?""它会使我顺利通过吗?"

一般来说,对于不同的企业、不同的职位、不同的要求,求职者应当事先进行必要的分析,有针对性地设计、准备简历。求职者应根据企业和职位的要求,巧妙突出自己的优势,给人留下鲜明深刻的印象,但注意不能简单重复,应当深思熟虑,不落俗套,写得精彩,有说服力,而又合乎情理。

(二)简历的撰写原则

1. 十秒钟原则

当你的简历写完以后,是不是能够在 10 秒内看完所有你认为重要的内容呢?一般情况下,简历的篇幅以 A4 纸 1 页为限,简历越长,被认真阅读的可能性越小。高端人才有时可准备 2 页以上的简历,但也需要在简历的开头部分有资历概述。

2. 清晰原则

清晰原则就是要便于阅读。就如制作一份平面广告作品,简历排版时需要综合考虑字体大小、行和段的间距、重点内容的突出等因素。在求职过程中,许多大学毕业生对简历材料总是要花很多时间和精力去精心制作,例如彩色印刷、华美的封面等,制作费用也一再攀升。其实,简历没必要搞得太华美,华而不实。

3. 真实准确原则

不要试图编造工作经历或者业绩,谎言不会让你走得太远。大多数的谎言在面试过程中就会被识破。但真实性并非是把我们的缺点和不足和盘托出,可以选择突出哪些内容或淡化哪些内容,要知道优化不等于掺假。简历上应提供客观的证明或者佐证资历、能力的事实和数据。

4. 针对性原则

招聘者想要了解的信息是简历写作的重点。应尽可能了解用人单位的需求,然后展示你相对应的契合点。假如某公司要求求职者具备相关行业经验和良好的销售业绩,你在简历中清楚地陈述了有关的经历和事实并且把它们放在突出的位置,这就是针对性。不仅仅是简历,在写求职信、跟进信以及感谢信的时候,针对性都是十分重要的原则。

5. 重点突出原则

如果说应聘是一种自我推销,那么投递简历就是一个快速"销售"的过程,因此简历务必突出重点。求职的毕业生应在简历中将自己的特点清晰地表现出来,争取用 30 秒打动招聘单位。言简意赅、流畅简练。简历把与应聘职位对口的学历与实习经历写清楚,只写与职位有关的,数量控制在 1~2 页内最好,注意提供能够证明工作业绩的量化数据,同时提供能够提高职业含金量的成功经历。

二、简历各要素的撰写

(一)个人信息

个人信息的主要作用是便于用人单位清楚、简单地知道简历是属于谁的;如果对这位应聘者感兴趣而且想联系他的话，能够容易地找到。个人信息的应该简单、清晰，没有多余信息。

（1）必备信息：姓名、联系方式（手机、地址、E-mail）。

（2）可选信息：性别、年龄、政治面貌、籍贯、民族、照片。

举例如下：

> 张扬
> 天津市南开区卫津路92号天津大学电信学院×××信箱，300072
> +86-135×××××××
> resume@hill.com.cn

（二）求职目标

一般求职者只会在简历开端简单地写上所应聘的职位，其实，若懂得利用这小小空间写出自己的职业目标，显示出对该工作的热诚及憧憬，会使招聘者对你加倍留意。求职目标要尽可能写具体，要充分表明自己在该方面的优势与专长，并把求职目标与个人的兴趣热忱、优势能力、价值观取向结合起来，体现一定的针对性。语气要积极、坚定、有力。

举例如下：

- 负责管理的职位，该职位将提供挑战和自由，使我能充分发挥我的进取精神和创造力。
- 行政助理的职位，具有办公室管理方面的兴趣和经验。
- 销售方面的初级职位，最终目标：销售部门的经理。
- 工程部门设计工程师的职位，发挥创造性和智力激发的可能性。
- 行政秘书的职务，用得上的交际技巧和与人为善的态度。

（三）教育背景

与应聘岗位相关的专业背景、与目标相关的在班级或者社团工作中所做过的成功例子，其他重要的事实（如荣誉、奖励、证书等）。用时间倒序的方法写出就读学校、获得的学历、就读的专业等，也可以在这部分列出获得的资格证书。选择与目标工作岗位相关的主修科目（可选择3～6门课程），如课程名称不能充分传达信息，需详细描述。选择与目标工作相关的论文、项目或者报告，通过清晰的题目或者简短的文字来展示它的重要性。

（1）学校、学校所在地、学位获得时间、毕业时间。

（2）专业（主修/辅修）。

（3）论文题目、相关课程。

（4）平均成绩、排名情况。

（5）语言情况及国外学习经历。

（6）社会工作。

举例如下：

> **教育背景**
> 2009.09—2012.06　中国人民大学　经济学院　博弈论与信息经济学方向
> 2012年6月获得经济学硕士学位　　GPA：3.5/4.0
> 核心课程：资产定价、高级公司金融、实验经济学、产业组织理论
> 研究课题：中国房地产市场资本泡沫的实证分析
> 2005.09—2009.06　北京邮电大学　文法经济学院　市场营销专业
> 已于2005年6月获得管理学学士
> 核心课程：管理学、货币银行学、统计学
> 论文题目：中国移动通信市场结构分析（校级优秀论文）

（四）工作经历

工作经历从广义上包括工作经历（全职工作）、实习经历以及兼职经历、社会活动（校园活动）、项目经验等。所以这些构成每个应聘者的"能力库"。应聘者应该先明确知道目标公司、目标职位需要什么能力，然后从自己的库中找出相匹配的经历展示出来。对于刚毕业的学生而言，比较好的实习经历是与众不同的亮点。

按时间倒序的方法列出与目标职位相关的工作经验：每一条目下列出工作过的公司、工作时间、职位等。应注意的是，可以通过 STAR［即情景（situation）、任务（task）、行动（action）和结果（result）］原则详细地把曾经的工作经历描述出来。即描述在工作中所取得的成绩和具体的任务，而不单单是工作职责，强调在工作中做了什么，突出可迁移技能和专业知识技能，而不是描述这个单位或者这份工作，突出自己的管理技能，强调由于你的行为取得了什么样的工作成果。

下面，以南开大学某毕业生撰写的简历中的"社团活动"内容为例加以说明。

> **社团活动**
> 南开大学××学生会　　　　文艺部部长　　　　　　天津　2009年9月开始
> ➢ 领导文艺部举办各项活动，负责招新与选拔，组织、策划院级文艺活动，制订团队计划，安排任务。
> ➢ 成功举办2009年××学院十大歌手大赛，一周内为比赛争取到2万元赞助。
> ➢ 在为期一个月的"一二·九"体育节中的具体负责棋类竞技项目，在现场报名人数远远超过预期的情况下，制定一系列规则，合理分工，避免了混乱场面，确保竞赛的顺利进行。
> ➢ 筹集各项赞助费用近两万元。锻炼了组织协调能力、团队合作精神和人际沟通能力。

（1）情况：绝大部分选手退出的情况下。
（2）任务：领导文艺部举办各项活动，负责招新与选拔、组织，策划院级文艺活

动,制订团队计划,安排任务;举办十大歌手比赛;负责棋类竞技项目。

(3) 成就:筹集各项活动的费用近 2 万元。创作先锋大赛;保证"一二·九"体育节顺利进行。

(4) 成果:锻炼了组织协调能力,团队合作精神和人际沟通技巧。

实习实践经历描述举例如下:

> **实习实践经历**
> **××少儿培训学校　　市场推广策划助理　　杭州　　2019 年暑期**
> ——协助部门负责人进行少儿培训产品的目标客户调研及分析,独立设计并制作调查问卷。
> ——带领 3 名销售实习生,5 天内在高档小区、武林广场等目标区域派发 2000 份少儿培训产品调查问卷,成功收回有效文件 1890 份。
> ——独立统计调查问卷结果,运用 SPSS 进行数据处理与分析,根据分析结果撰写了 1 万字的少儿培训客户调研报告。

(五) 奖励情况

描述奖励情况应注意写明奖励级别,最好用数字说话,例如:

> - 优秀学生奖学金三等(奖励年级排名前 4%学生)1 次　　2019 年
> - 北京大学"校优秀学生"称号(奖励前 5%学生)　　　　2020 年
> - 全国中学生英语能力竞赛、获高三年级组一等奖　　　　2021 年

(六) 专业技能、英语及 **IT** 技能

1. 英语技能

举例如下:

> - CET-6 (83 分),较强的英语听说读写能力,中国职业英语中级认证。
> - 2008 年 6 月通过 CET-4,2009 年 4 月通过 CET-6,具备熟练的英语口语和阅读能力,能够无障碍浏览英语网站和阅读 China Daily。
> - 金融英语证书。
> - 有翻译计算机通信相关专业文献的经历。

2. IT 技能

举例如下:

> - 熟练操作 ms Office 软件,例如用 Word 制作方案书、用 PowerPoint 进行产品演示、通过 Excel 建立客户信息数据库。
> - 对软件有快速的应用能力,能够适应不同条件下的移动办公。
> - 熟悉 Pascal 等语言,曾编写电梯控制程序等小型程序。

3. 专业技能

举例如下：

- 熟练掌握统计分析软件，能进行建模分析。
- 熟练使用 SPSS 软件，在北京移动实习期间曾使用该软件分析相关数据。

（七）其他个人信息

1. 兴趣与爱好

选择与求职目标有关联的两三样兴趣爱好，并介绍取得的相关成绩。通常情况下，HR 会通过求职者的爱好、喜好判断求职者的一些品质，比如团队协作精神、个人独立工作能力、与人沟通能力等。

下面给出一些个人兴趣所反映的个人特征：

（1）篮球、足球、演戏：团队精神。

（2）围棋、国际象棋：战略意识。

（3）旅游：适应不同环境的能力、快速学习能力。

（4）跆拳道：新奇、意志、出奇制胜。

（5）演讲、辩论：沟通、演讲能力。

个人兴趣与爱好描述举例如下：

兴趣爱好

- 足球、排球、小品表演（曾获院系优秀演员奖）。

2. 补充信息

如果还有什么信息没有提及，可以列在补充信息中。例如应聘国企，可以加上"中共党员"这条信息。

三、简历展示的能力与用人单位需求的对接

在实际应用中，简历所展示的能力与用人单位需求的对接，如图 2-1 所示。

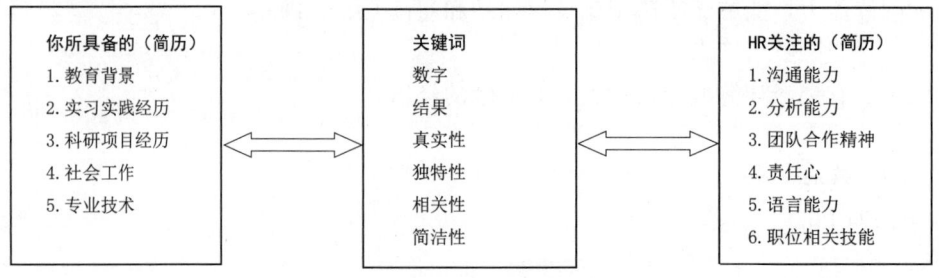

图 2-1　简历展示的能力与用人单位需求的对接

从图 2-1 可以看出，HR 关注的是从简历中发现应聘者具备的能力，但是我们不能在写简历的时候直接写上："我具有良好的沟通能力，我具有很强的分析能力，我具有较好的团队合作精神"，很直白地说自己具有某些方面的能力谁都会写，这样的自我评价谁都可以写，HR是不会把这些评价作为一个参考的。所以要讲故事，通过故事来体现自己在哪些方面的能力。故事里有细节，可以真实地体现你具备的沟通能力、表达能力，还可以体现坚持、努力等积极品质，这样的故事是有感染力和说服力的。

四、简历撰写注意点

（1）简洁、清晰。如果一份简历易读、清楚而且组织得当，那么他会有更多的机会。

（2）协调一致。选择一种吸引人的版式并贯彻到底，并充分利用文本的空白以突出主题。

（3）保持积极。用有积极行为指向的动词来开始陈述或措辞，如"成功的引进""促进""激发"等。避免使用第一人称名词"我"，不要使用否定的陈述，尽量不提供负面信息。

（4）真诚真实。很多机构把你的简历看作是申请工作的一部分，不真实的信息会立刻被拒绝。

（5）认真细致。对打印错误以及语法、拼写、标点上的错误多检查几遍，文本编写中的错误会暗示出粗心，一些HR会立即把有错误的简历排除在外。

五、简历投递

（一）电子邮件投递

1. 邮箱选择

尽量选择稳定性高的邮件系统提供的邮箱，避免出现因邮箱不稳定造成不能及时投递简历而错过笔试面试通知的情况。

2. 签名档设置

要设置较为详细的签名档，建议包含个人姓名、毕业院校、联系方式（邮箱、手机等），格式要统一美观。

3. 邮件标题设置

如果用人单位在招聘信息中已经说明了主题用何种格式，严格按照他们的标准做就可以了。

如果用人单位未作说明，应按一定的标准设置标题，要写清楚学校名称、本人姓名和应聘职位，比如"××学校××应聘××职位"。同时要注意，如果没有特殊要求，应使用中文撰写，而且不要出现一些奇形怪状的字符，否则很容易被当作垃圾邮件过滤掉。

4. 邮件正文内容

邮件正文有两种写法，一种是直接将简历复制在正文中，另一种是将简历作为附件。这两种情况各有各的特点，大家可以根据实际情况做出选择。

但不管选择哪一种，请大家注意，一定要在正文中写一段简短的求职信。求职信要有称呼，应简单说明自己的情况以及应聘的想法，最后要有感谢词、署名和日期。通常，很多大学毕业生撰写的电子邮件正文中什么都没有，仅附一个附件。这类邮件，单位人力资源管理人员通常会直接剔除。

5. 邮件附件设置

邮件附件的名称最好与邮件标题一致，如"××学校××应聘××职位"。附件的文件格式也要注意，建议使用Office办公软件的Word软件制作简历，同时要注意保存为较低版本的Word文件，如Word 97-2003文件，不宜压缩成.rar和.zip格式文件，以方便人力资源管理人员查看你的简历。

(二) 网申

1. 什么是网申

网申即网络在线申请，是指应聘者通过企业官方网站的招聘页面或第三方招聘网站开设的专门的招聘页面投递简历，招聘方通过设定特定的在线问题、用人标准进行简历的筛选。

企业一般采用两种网申系统，一种是第三方招聘网站（如前程无忧、中华英才网、智联招聘等）提供的网申系统；另一种是企业自主研发的网申系统，如微软、通用电气等企业线上招聘系统。

2. 网申的基本内容

目前，大部分采用网申的企业要求应聘者提供以下信息，回答相关问题。

(1) 个人基本信息、教育背景、实习实践经历、科研项目经历、获奖情况、技能、爱好等。

(2) 个人简历和照片。

(3) 在线进行性格测试、职业能力测试等测试。

(4) 在线回答开放性问题。

3. 网申的筛选规则

总体而言，网申的筛选规则是各个企业的人才挑选标准，没有统一的标准，而且各个企业是不向应聘者公布其筛选标准的，所以我们只能从可能的筛选方式入手去了解企业的筛选规则。网申筛选方式主要有以下两种。

一是所有筛选项作为硬性标准，应聘者必须满足所有的标准才能通过网申筛选。比如有的企业会设定以下硬性标准：

(1) 211高校。

(2) 专业为电子信息、计算机相关。

(3) 专业成绩在前15%。

(4) 英语六级及以上。

二是为网申明细的每个项目设定权重及分数，通过人工判定，得出每个应聘者的相应评分，各项相加后得出综合评分，最终根据分值从高到低进行筛选。

4. 网申技巧

(1) 个人基本信息应准确翔实。应聘者的学校名称、学历、专业、英语成绩、综合成绩、奖励等情况，一定要填写准确，不能夸大，也不能遗漏。如果夸大，即使网申通过，后面的流程也无法通过；如果遗漏，会直接导致网申失败。应聘者的实习实践经历、科研项目经历、社会工作情况等则尽量结合企业的需求，按本书介绍的技巧进行撰写，为网申加分。

(2) 开放性问题应答。网申中的开放性问题大多与面试中的行为面试类问题相近。开放性问题一般通过一系列基于具体行为的问题考察应聘者特定方面的素质和能力，用类似"怎么看""怎么办"等问题考察应聘者在某种特定事件中的表现。回答开放性问题，建议提前做准备，可以在一些企业网申相关论坛搜索阅读涉及开放性问题的帖子，提前准备好答案。线上答题时，可在文本 TXT 文档中先作答，再把答案复制到网页上，以免出现数据意外丢失的情况。注意不要出现拼写、语法等错误，更不要出现把企业名称写错的情况。

（3）在线测试应答。如果在进行性格测试，一定要注意回答前后问题的一致性，大多数性格测试题是前后关联的，如果答案前后矛盾，则很有可能被淘汰。另外，在线测试的题目较多，一直要做到出现"提交"按钮并提交数据，测试才算完成，切记不要中途关闭答题页面。

（三）宣讲会和招聘会现场投递简历

在宣讲会、招聘会现场投递简历是与用人单位交流最直接、最有效的一种方式。采用这种方式投递简历应注意以下事项。

1. 宣讲会投递简历

在宣讲会上企业人力资源管理人员通常会对企业情况进行宣讲介绍，并现场回答应聘者的提问，应聘者在投递简历前应认真聆听宣讲内容，深入了解企业情况，并能提出质量较高的问题，这对提高简历投递成功率会有很大的帮助。

此外，应聘者参加宣讲会前应尽早了解企业相关情况，结合企业相应职位要求撰写简历，使简历更有针对性。

2. 招聘会投递简历

招聘会现场通常比较喧闹，场地也比较大，建议事先了解意向企业招聘点所在的位置，同时做好简历投递情况的记录。

另外，在招聘会现场投递简历后，企业人力资源管理人员会马上与应聘者进行交流，这其实也是一次简单的面试，企业人力资源管理人员会通过这次交流决定是否给应聘者笔试和面试的机会。所以，应聘者一定要抓住这次机会，要与企业人力资源管理人员诚恳交谈，告诉企业人力资源管理人员你的特点和优势，可以针对个人简历上的情况展开介绍。

3. 邮寄投递简历

目前，有些企业会将邮寄简历作为接收简历的一种方式，而有的企业（如一些知名的咨询公司）只接收邮寄的纸质简历。在向企业寄送简历时，应注意以下几点事项：

（1）注意招聘信息中对于邮寄材料的要求。很多企业除要求应聘者提供个人简历外，还要求应聘者邮寄相应技能证书、成绩单、就业推荐表等材料，所以一定要明确企业要求邮寄哪些材料，严格按照要求来执行。

（2）要注意相应材料的顺序，最好能够列一个材料目录清单，以便企业人力资源管理人员一目了然地查看你的申请材料。

（3）采用邮寄的方式一般都有截止日期的说明，虽然有的企业注明截止日期以邮戳为准，但应聘者应尽早投递。

（4）建议采用品牌好的正规快递公司邮递，可以让企业人力资源管理人员亲自签收，确保准确、准时送达。

 **课后练习**

参照以下两个示例编写一份面向目标企业和目标职业的求职简历,要求根据 STAR 原则编写实习实践经历、科研项目经历和社会工作情况,并重点突出自我管理技能和可迁移技能。

示例一

张 三

130－0000－0000

zhangsan@126.com

教育背景

2018 年 9 月至 2022 年 6 月　安徽财经大学投资学(GPA:3.83/5.0,前 20%)
校"互联网+"创新创业大赛银奖,校"财子杯"演讲比赛一等奖(第一名)。
ACCA(国际注册会计师)学员:已通过财务会计、管理会计、业绩管理、税法、公司法等 7 门考试。

校园实践

2020 年 3 月至今　ACCA 校园大使　蚌埠
负责策划、实施、评估 ACCA 校园推广活动,定期向 ACCA 上海办公室汇报推广进程、反馈同学的看法及建议;开展一对一咨询,答疑解惑,寻找潜在学员并将其发展为正式学员(超过 30 人)。

2018 年 10 月至 2019 年 6 月　大学生金融投资协会　研究中心部门成员　蚌埠
共参加 15 次部门举办的商业研讨交流会,分享最新的商业热点事件并交流看法。结合在 ACCA 中所学到的财务知识,对商业热点从财报角度进行分析。累计撰写 6 份商业分析报告,并以 presentation 的形式在研讨会中展示。

项目经历

2020 年 8 月　国家级大学生创新创业项目成员　蚌埠
大数据背景下电子商务平台信用评价方法的优化探索。
对比现有电商平台信用评价方法,探讨各大电商评价模型。发放问卷调研,了解消费者对信用评价方法的倾向偏好,并利用 SPSS 进行处理。构建具有统一评价标准的双向信用评定模型,阐述其基本框架,并提出优化流量分配机制以加强监管。

2019 年 12 月至 2020 年 3 月　国家公共文化服务体系示范区第三方评估组评估专员　蚌埠
调查评估蚌埠市 3 县 6 区 55 个乡镇的 830 个村社区。带领 12 人团队调研 20 余个村社区。主持访谈和座谈会,配合组员设计并发放问卷、收集图文台账等证据。据此提交客观书面报告和改进建议,其调研成果获得校"社会实践奖"。

其他信息

资质技能:CET－6(481/710),熟练掌握 Office(擅长 VLookUp 和数据可视化)。
兴趣爱好:演讲(头马国际演讲俱乐部成员)、钢琴(已考取钢琴九级证书)、素描(已考取素描三级证书)。

示例二

王震

北京市××区××大学××专业

电话

邮箱

求职目标

××食品原料公司销售代表

教育背景

2005年9月至2009年6月　中国农业大学　食品科学与营养工程学院　学士学位
GPA：85/100　排名　3/33
自修课程　市场营销　分数　90/100

工作经历

2007年12月至今　全国最大的电子购物网站之一——八佰拜电子购物商城　校园代理
结合线下线下市场调查，创办校园会员制，企划八佰拜校园行销商业宣传方案
制作电子购物傻瓜式教程演示文稿发送给潜在客户并挂在网上；
深入联系客户，多次扮演公司与同学之间的沟通桥梁，用诚实和责任心打动客户
发展会员近40人，在全国校园代理中销售排名26名。

2007年7月至2007年8月　农业部重点农产品加工与贮藏实验室　研究助理
负责协助博士生完成国家"863"计划鸭梨采后黑心重大攻关项目；
制定工作计划进度表并安排人手和实验所需仪器与试剂；
亲自采样测定鸭梨果肉和种子经过不同处理的各种酶指标；
输入电脑处理数据并分析变化趋势；
初步判断早采收急降温为防止黑心的有效方案；
创造性地提出微波处理纯化酶活的方法，得到教授和博士生的认可；
增强了做事的计划性。

第四节　如何撰写自我陈述报告与求职信

一、自我陈述报告

自我陈述报告是一种书面自我介绍，一般用于研究生复试、出国留学等，其所传达的应该是对方最想知道、最想了解的信息，也是最能吸引对方、打动对方的内容。

在求职中，自我陈述报告通常与简历一搭一唱，相互辉映。相比于简历的简洁明了，自我陈述报告的表达形式更为弹性自由，可以叙说，可以论理，也可以抒情。由于简历无法流露自己的感情，撰写自我陈述报告时可以较为感性地介绍自我，呈现个人的成长背景、生活经验、观念想法、风格特质、志向抱负及生涯目标等，最后呈现想获得理想工作的强烈愿望。一般字数以1000字左右为宜，或篇幅不超过两页A4纸。

课堂练习 2-1　自我陈述报告的撰写

请尝试依据下列提纲，撰写 800~1000 字的自我陈述报告，给招聘者留下良好而深刻的印象。

（1）家庭及成长背景。
（2）求学经历及社团经验。
（3）个人特质与兴趣。
（4）工作经历与技能。
（5）未来的生涯规划。
（6）结语。

举例如下：

自 我 陈 述

在过去的三年里，我在××大学的本科学习使我接触到了计算机科学和技术的各个领域。

利用××大学精心设计的课程和丰富的学习资源，我不仅奠定了坚实的专业理论基础，更重要的是，我很高兴地发现了自己对数据库和数据挖掘的浓厚兴趣。如今，大数据时代预示着巨大的数据库将有更多的前景，人们可以获取内涵丰富、前所未有的有价值信息。即便是《超级运算器》这样的科普图书，也给出了令人信服的案例，其中大量的数据产生了令人惊讶的发现和直觉，让专家感到惊讶。数据自然成为最具竞争力的资产，尽管是无形的。想要更详细地探索数据科学领域的愿望促使我选择了研究生学习。

最初对数据的兴趣来自我在大学三年级学习的"人工智能"课程。在课堂上，老师提到的两个话题引起了我的兴趣。第一个是一篇在 2010 年 IEEE ICM 竞赛中被评为第一名的论文，作者 Lukasz Romaszko 运用最近邻算法和基于案例的推理，提出了一个解决方案——根据最初拥堵的顺序来预测最近的哪些道路会产生拥堵。第二个是书名为《数据挖掘：概念与技术》的专业书籍，由韩嘉伟和米其琳·坎伯撰写，重点介绍基本和突出的技术。

兴趣是最好的老师，我努力争取到数据相关领域的研究机会。我加入自然语言处理实验室，主动参与了一个信息提取研究项目。这个生物 NLP 项目旨在开发生物命名实体的语义网，如基因、疾病、蛋白质和其他生物分子及其相互作用。在这个研究项目中，我的工作主要是处理包含原始数据和预处理数据的大量文本文件。我成功地进行了 PPI 的生物事件提取和注释，然后使用提取的词对特征进行事件分类。然而，在基于条件随机场模型的命名实体识别的后续阶段，我花了很多时间，因为最困难的问题在于特征选择。为了提出衡量执行效率和识别准确性的最有效策略，我付出了巨大的努力来反复调整单词特征、POS 和局部上下文特征等参数的组合，以从训练数据中优化算法。由于我在 NLP 方面的能力不足，并且在使用 CRF＋＋方面的能力有限。这些困难坚定了我提升机器学习和数据处理知识的决心。这项研究让我对聚类分析的新视角、各种统计模型和分类方法以及 K‐Means 等常用算法有了更深入的理解。出于对数据科学的热爱，我把毕业论文的主题定为"基于 Avazu 数据的点击率预测"。这个研究项目充满了挑战，我必须处理 11 天的 Avazu 数据来构建和测试预测，其中训练数据的总量为 1.04GB。毫无疑问，这是一项艰巨的工作，然而通过参与和完成项目任务，我对大数据和数据挖掘的理解大大提高。

三年的卓越学术记录展示了我在计算机科学、编程和软件开发方面的天赋。我利用各种创新活动和实践任务来加强理论学习，提高动手能力。

我在大三期间，第一次生成了一个解释器，并使用它对 CMM 源代码进行了一系列的词汇分析、解析和语义分析，这让我更加自信，决心释放自己的潜能，取得更多成就。在大三第二学期，我成立了一个由五名成员组成的团队，并担任组长，系统实施学校创新创业项目"多功能实验室助手"。我的想法是开发一个实验室助理应用程序，以提高生物实验室研究人员的工作效率和成果准确性。市场需要开拓新的领域，这项创新创业项目培养了我的创造力和分析能力。我采访了分子生物学专业的同学，深入地了解了他们的实验过程，从而准确地确定了项目目标潜在客户的功能需求。后来，当项目全面展开时，我参与了 Android 应用程序开发的全过程，并负责界面设计、数据库管理技术。从最初的项目规划到数据收集，再到实施和编程，这些经历不仅提高了我的沟通能力和人际交往能力，也使我养成勤奋的职业观念和注重细节的研究品质。

我的本科经历是丰富多彩的，足以让我应对研究生学习的挑战。我曾经面对的所有智力挑战和障碍，都是对我坚持不懈地提高能力的有力激励。最重要的是，我更加渴望了解更多关于数据科学的知识。我的抱负是成为一名顶级数据分析师，专门将原始的、海量的数据提炼成真实、有用的见解。为了实现这一目标，我依靠高质量的训练来为我的智力电池充电。

××大学的硕士课程是我的理想选择。你们提供了灵活的数据库系统、机器学习和数据分析方面的课程，这与我的学术兴趣非常吻合。

此外，我特别梦想加入数据管理研究小组，建立新的数据管理系统和工具。肯定会收获很多。作为回报，凭借我扎实的软件工程背景、一定的数据研究经验和强大的动力，我将继续发挥我的创造性思维能力和渴望学习的态度，成为数据领域更为专业的研究者。

二、求职信

（一）求职信的格式

求职信一般由标题与称呼、正文、结尾、落款四部分组成。

（1）标题与称呼。标题应醒目、简洁、典雅，可用较大字体在信上方标注"求职信"三个字。称呼是主送单位或收信人的呼语。如果用人单位明确，可直接写上单位名称，并以"尊敬"加以修饰，后以领导职务或传统"领导"落笔；若单位名称不明确，则可统称为"尊敬的领导"。

（2）正文。正文是求职信的核心，开头应表示向对方的问候，主体部分一般包括自我简介、自荐目的、条件展示、愿望决心四项内容。

（3）结尾。结尾一般包括两方面内容：一是对于下一步接触的建议，如希望对方给予答复，盼望能有机会参加面试等，并写明自己的联系方式；二是写上简短的表示敬意、祝愿之类的祝词，如"顺颂安康""深表谢意"等，也可以用"此致敬礼""恭候佳音"之类的通用词。

（4）落款。落款处要写上"自荐人×××"的字样，并标注年月日。如果是打印稿，署名处则要留下空白，由应聘人亲自签名，以示郑重和敬意。

（二）求职信的内容

求职信一般包括自我简介、自荐目的、条件展示、愿望决心四项内容。

（1）自我简介。自我简介是自己的概要介绍，包括姓名、性别、民族、年龄、籍贯、政治面貌、文化程度、学校、专业、家庭住址、任职情况等要素，要针对自荐目的作简要说明，不要冗长烦琐。

（2）自荐目的。要写清信息来源、求职意向等，既要明确具体，又要把握分寸、简明扼要，切忌华而不实或模棱两可，给人以自负或自卑的印象。

（3）条件展示。这是求职信的关键内容，主要应写清自己的才能和专长。要针对所求职位的应知应会去写，从基本条件和特殊条件两个方面解决为什么求此职位的问题。基本条件应写清思想表现和学习活动两方面内容。思想表现要从活动和绩效方面写实，并辅之以获奖证书等；学习经历要写清主、辅修专业课程及成绩状况，并辅之以有关资格证书。特殊条件是针对所求职位所具有的特殊技能，也应加以强调，以展示自己的能力、突出个性特征。

（4）愿望决心。此部分内容要表明加盟对方组织的热切愿望，展望单位的美好前景，期望得到认可和接纳，语言要自然恳切，不卑不亢。

具体写作说明如下：

收信人的姓名、头衔：

第一段：说明你为什么写这封信，你所申请的职位或者工作的具体名称，以及你是如何听说有这一职位空缺的。

第二段：解释你为什么对这个组织和这个职位感兴趣，说明你如何为该组织作贡献；解释一下你的教育背景和相关经历如何使你有资格来申请这一职位；突出强调你所取得的成就或者比较特别的过人之处，但不要重复简历中的内容，而是作为对简历中体现之处更为详细的说明；强调你的技能与你所申请的职位契合。这一段为求职信的核心内容。如果内容较丰富，也可分为两段。要简洁而具体。

第三段：激发收信者阅读你的简历的兴趣；表达你希望有机会面试的愿望；重申便于找到你的联系方式以及联系时间；表示愿意提供更多的信息供对方参考。

最后，以一句鼓励对方做出回应的话结束你的求职信。

此致

敬礼

你的姓名（如果打印需要有亲笔签名）

年　月　日

(三) 求职信示例

复旦大学管理学硕士陈健

应聘　管理顾问公司咨询顾问

电话：13×××××××××

尊敬的人力资源部汪经理：

　　您好！非常感谢您在百忙之中关注我的申请。我是复旦大学经济管理2006级硕研，主修技术经济及管理专业，我对咨询行业有着浓厚的兴趣和热情，加入咨询行业是我的择业首选。

　　我曾做过的项目：我具有5年大型企业工作经验和6个大型咨询项目实际动手经验。在项目评价、行业分析、企业等研究方面有着扎实的专业知识基础和实践经验。

　　我具有很强的工作责任心和团队协作精神，10年大型企业工作经历和研究生阶段的项目培养了我"勤奋、严谨、求实、敬业"的工作作风。

　　贵公司作为国内规模最大的和最有影响力的专业咨询公司自成立以来取得了辉煌的成就，其骄人的经营业绩及强大的竞争实力来自其高端的市场定位和领先的业务能力水平。我非常希望能够加入贵公司。

　　此致

敬礼

陈健
×年×月×日

(四) 求职信撰写的注意事项

1. 实事求是，扬长避短

诚实，是每个招聘单位、每位考官都重视的品质。求职信应该实事求是，扬长避短。在求职信中，对自己的优点应充分展示，但绝不要说大话、假话，不能让人感到是自我吹嘘，最好的办法是用具体的事实和成绩恰如其分地介绍自己，不使用华而不实的辞藻。例如，你可以说明自己从事过什么工作、担任过什么职务、组织过什么活动、取得过什么业绩，让考官从事实中感到该求职者有组织管理能力，而不要在求职信上出现"有很高的组织能力"之类空洞的自我表扬性言辞。又如，求职者可以介绍自己利用业余时间进修了什么课程、取得了哪些证书，但不要使用"有远大理想""好学上进"之类的修饰语，要让招聘单位从你摆出的事实中得到结论。对自己的缺点、弱点当然不必写，但不能用与此缺点相反的优点来欺骗招聘单位。

2. 文字简练，突出重点

求职信要求简洁明快、清楚准确，长度不超过一页。简洁是指文字上的不浪费、表述简明扼要，用尽量少的文字表达最丰富的内容。求职信的篇幅以千字左右为宜。重点突出，是对自己的知识、技术、能力、特长、个性、经验要有所取舍，主要内容应当写自己从事某岗位工作的条件和潜力，与职位无关的内容不要写。例如，谋求档案管理员岗位，在求职信中就不应表现"活泼好动、性格开朗、能歌善舞"，因为这些特点与档案管理工作的要求相悖，使招聘方认为求职者不适于这个岗位。

3. 逻辑严密，结构清晰

自荐信包括毕业生的基本情况、学业成绩与知识结构、社会实践与科研成果、获奖情况等，尤其是对单位的兴趣等许多内容。每个部分的内容都要注意结构合理、布局清晰，能给人思路清晰、章法严谨、引人注目的感觉，一定要注意逻辑规律。

4. 针对性强，一信一投

求职信针对某个用人单位的岗位及其情况而写，比泛泛而写的效果要好。信中的内容，最好有你对该用人单位和需求岗位的描述，即使这是该单位招聘广告说过的情况，也会让对方产生亲切感。你的求职信要富有个性才能吸引人。个性的形成主要依赖于材料本身，当然写作的个性化也是形成个性的重要因素。因此，在自荐材料的撰写过程中一定要用自己的语言风格进行表述，切不可模仿他人，照抄照搬，那样做的结果只能是千人一面，给人的印象平庸、呆板，不能引起用人单位的注意。

5. 文字流畅，字迹整洁

招聘单位读求职信，可以说是对应聘者的第一次"考核"，可能形成对其的第一印象，成为招聘初期筛选的主要依据。因此，求职信应当做到语言通顺、文字流畅、段落分明，让招聘者感觉舒服。如果求职信字迹潦草、杂乱无章，必然面临被淘汰的结果；字迹清楚、书写整洁则是写好求职信的基本要求。能写一手好字，亲笔书写求职信，正是求职者展示自己文化素养的好机会。心理学认为，笔迹可以反映人的个性、态度以至能力，通过一个人求职信的书写状况，招聘单位还可能对求职者的个性心理特征、做事的风格、为人的态度等方面形成一定印象，做出一些判断。如果求职者的字写得不好，则应当打印求职信。打求职信时可以使用一些排版技巧。此外，信封样式、邮票图案、信封书写等，也对引起招聘工作人员注意有一定作用。

三、求职档案的建立

求职档案个人技能和成就的证明，它的目的是向雇主推销自己。求职档案包括你最近的工作业绩和一些实物样本，应当与你所申请的职位相关。

（一）求职档案的内容

（1）简历。

（2）学习成绩单。这是反映毕业生大学学习成绩的证明，用人单位一般是非常重视的，应由各院系教学部门填写、盖章。

（3）推荐信。推荐信一般包括毕业学校以统一格式印发的推荐材料；老师或社会名流以个人名义向用人单位做出的推荐，这类推荐信在国外是比较常用的。学校印发的推荐表或推荐信，一般由学生所在院系填写推荐意见，因为是组织对你的全面评价，招聘单位一般是比较重视的。

（4）证书。证书包括学历证书、专业培训证书、职业资格证书等，如外语、计算机等级证书，各种荣誉证书，奖学金、各类竞赛的证书，驾照和其他能说明个人能力、水平的证书。

（5）作品。作品一般情况下是个人发表的文章、发明的专利、创作的艺术类作品、研究论文及实验报告等，还有你的相关科研成果证明。这些作品一般在应聘专业性很强的职位时是非常有价值的，在应聘一般工作时也会起到意想不到的效果。

（6）实习报告。

（7）你所参加过的专题会议或者短期培训。

（8）你所设计、组织或者参与的课堂或者课外活动的照片、录像带等。

（9）你所设计的程序或者网站的光盘。

（10）你的技能和目标陈述。

需要提醒大家注意的是，如果你的附件很多，你应该在简历或求职信的最后一页列出一份附件的清单，以引起招聘人员对附件的注意。

（二）求职档案的格式

通常，可以用一个比较正式的活页塑料文件夹来陈列这些材料，材料的选择和排放顺序，应根据所要面试的具体职位的要求而调整。重要的是所选的材料能证明你的技能、成就。

课后练习

撰写一封有针对性的简历和求职信。

第三章 笔试与面试能力提升

第一节 笔试类型与笔试准备

笔试是用人单位对应试人员的一种考核办法,是考核应聘者学识水平的重要工具。这种方法可以有效地检测应聘人的基本知识、专业知识、管理知识、综合分析能力和文字表达能力等技能的差异。它通常用于一些对专业技术、录用人员素质要求很高的大型企事业单位,如一些涉外部门、技术要求很高的专业公司以及国家机关等。

一、笔试类型

笔试根据内容来分,主要有技术类笔试和非技术类笔试两类。

(一) 技术类笔试

技术类笔试主要针对研发型和技术类职位的应聘考核,这类职位的特点是,对相关专业知识的掌握要求比较高,题目主要是涉及工作需要的技术性问题,专业性比较强。一般大型公司,如 IBM、Microsoft 等在招聘研究和开发类职位时都会进行这样的笔试,例如微软研究院在招聘时对应聘者的编程经验要求非常高。对于这类技术性岗位,大公司和小公司的笔试内容的侧重点有很大区别。一般小公司注重实用性,考得比较细。大公司则强调基础和能力,笔试内容比较宽泛,多数是智力测验、情感测验,还有性格倾向测验。

微课视频

如何准备面试中的自我认知问题

（二）非技术类笔试

非技术类笔试一般来说更常见，对应试者的专业背景的要求也相对宽松。非技术类笔试的考察内容相当广泛，除了常见的英文阅读和写作能力、逻辑思维能力、数理分析能力外，有些时候还会涉及时事政治、生活常识、情景演绎，甚至智商测试等。

英文笔试是所有的笔试中占的比例最大的一类非技术类笔试，其考察的重点是阅读理解和写作能力，即表达能力；英文写作。主要考察的是分析问题的能力和书面表达能力。

二、笔试的准备

（一）复习知识

对于技术类笔试，首先考前应该结合具体的职位看相关资料，了解笔试内容，做到心中有数；其次要了解笔试的重点，进行认真的复习。每个学科都有一两门概念性的课程，笔试之前要多看看这方面的教材。比如，职位要求你会C++，那笔试之前要先用用，以熟悉基本的知识点。对于英文笔试，要通过阅读来培养语感，平时注意写作积累并经常进行模拟实战训练，以提高英语水平。

（二）增强信心

笔试怯场，大多是缺乏信心所致。要客观冷静地对自己进行正确评估，克服自卑心理，增强信心。临考前，一要适当减轻思想负担，二要保证充足的睡眠，三要适当参加一些文体活动，从而使高度紧张的大脑得到放松休息，以充沛的精力去参加考试。

（三）临场预备

提前熟悉考场环境有利于消除应试时的紧张心理。还应仔细看看考场注意事项，尽量按要求做好。除携带必备的证件外，一些考试必备的文具（钢笔、橡皮等）也要预备齐全。

三、笔试中的注意事项

拿到试卷后，首先应通览一遍，了解题目的多少和难易的程度，以便把握答题的速度，然后根据先易后难的原则排出答题的顺序，先攻相对简单的题，后攻难题。这样就不会因为攻难题而浪费太多时间，而没有时间做会答的题。碰到较大的综合题或论述题，则应先列出提纲，再逐条论述。

在答完试卷后，要进行一次全面复查，注意不要漏题、跑题。要纠正错别字、语法不通、词不达意等错误。同时要注意必须做到卷面整洁、字迹端正。因为招聘单位往往从卷面上联想应聘者的思想、品质、作风等。如果字迹潦草、卷面不整洁，招聘单位先不看答的内容，单从卷面就觉得该应聘者不可靠；而如果字迹端正、答题一丝不苟，招聘单位认为该应聘者态度认真、作风细致，对其更加青睐。

第二节　面试分类与面试内容

一、面试的类型

（一）结构化面试与非结构化面试

根据面试的结构化（标准化）程度，面试可以分为结构化面试和非结构化面试。结构化面试，是指面试题目、面试实施程序、面试评价、考官构成等方面都有统一明确的规范的面试，公务员录用面试即为结构化面试；非结构化面试是对与面试有关的因素不作任何限定的面试，也就是通常没有任何规范的随意性面试。目前，非结构化面试越来越少。

（二）单独面试与集体面试

根据面试对象的多少，面试可分为单独面试和集体面试。单独面试，指主考官与应试者单独面谈。单独面试又有两种类型。一是只有一个主考官负责整个面试过程；二是由多位主考官参加整个面试过程，但每次均只与一位应试者交谈。公务员面试大多属于这种形式。集体面试又叫小组面试，指多位应试者同时面对面试考官的情况。在集体面试中，通常要求应试者进行小组讨论，相互协作解决某一问题，或者让应试者轮流担任领导主持会议、发表演说等。

（三）压力性面试与非压力性面试

根据面试目的的不同，可以将面试区分为压力性面试和非压力性面试。压力性面试是将应考者置于一种人为的紧张气氛中，让应考者接受诸如挑衅性的、非议性的、刁难性的刺激，以考察其应变能力、压力承受能力、情绪稳定性等。非压力性面试是在没有压力的情景下考察应考者有关方面的素质。

（四）一次性面试与分阶段面试

根据面试的进程来分，可以将面试分为一次性面试和分阶段面试。所谓一次性面试，是指用人单位对应试者的面试集中于一次进行。应试者是否能面试过关，甚至是否被最终录用，就取决于这一次面试表现。分阶段面试又可分为两种类型，一种叫"依序面试"，一种叫"逐步面试"。依序面试一般分为初试、复试与综合评定三步。初试的目的在于从众多应试者中筛选出较好的人选。初试合格者则进入复试，复试一般由用人部门主管主持，以考察应试者的专业知识和业务技能为主，衡量应试者对拟任工作岗位是否胜任。复试结束后再由人事部门会同用人部门综合评定每位应试者的成绩，确定最终合格人选。逐步面试，一般是由用人单位的主管领导、处（科）长以及一般工作人员组成面试小组，按照小组成员的层次，由低到高的顺序，依次对应试者进行面试。

（五）常规面试、情景面试与综合性面试

根据面试内容设计的重点不同，可将面试分为常规面试、情景面试和综合性面试等三类面试。所谓常规面试，就是主考官和应试者面对面以问答形式为主的面试。情景面试突破了常规面试考官和应试者那种一问一答的模式，引入了无领导小组讨论、公文处理、角色扮演、演讲、答辩、案例分析等人员甄选中的情景模拟方法。综合性面试兼有前两种面试的特点，而且是结构化的，内容主要集中在与工作职位相关的知识技能和其他素质上。

二、面试的基本内容

面试的考核内容见表 3-1。

表 3-1　　　　　　　　　　　面试的考核内容

面试考核内容	内　容　描　述
仪表风度	考查应聘者外貌、衣着、行为举止、精神状态
专业知识	考查应聘者专业知识是否符合职业要求
工作实践经验	考查应聘者简历中描述的实习实践经历
口头表达能力	考查应聘者表达的逻辑性、准确性、顺畅性和充分性
综合分析能力	考查应聘者对问题的理解和分析能力
思考判断与反应能力	考查应聘者对突发问题的反应能力及处理能力
人际交往能力	考查应聘者的人际交往倾向和人际交往技巧
自我控制与情绪管理能力	考查应聘者对情绪的控制能力和抗压力
工作态度	考查应聘者对待学习、工作的态度
进取心	考查应聘者是否有强烈的进取心
成就动机	考查应聘者的求职动机与公司的文化和实际是否匹配

第三节　面试准备及应注意的问题

一、面试前的准备

（一）前期调研

通过调查探究应聘单位的所有资料，包括性质、主要职能、组织结构和规模、人员结构，如年龄结构、专业结构、人际关系状况，以及了解单位主管、所应聘职位的直接上司以及可能的面试考官的个人情况。还可以准备以下问题的答案：这个公司在它所从事的行业中占怎样的地位？今年的营业额是否增长？利润额是否稳定？该公司的主要产品是什么？等等，这些信息在面试中是十分有用的。

（二）针对可以问到的问题准备答案

很多公司在面试时都有固定的套路，可以根据这些套路以及你所申请的岗位进行有针对性的准备。有一些面试问题是可以根据你的职位进行推测的，对一些专业性比较强的问题也可以提前准备。例如，在应聘一些技术性岗位时，经常会遇到一些技术上的问题，而这些问题可以提前准备。

（三）模拟面试

模拟面试是指找到合适的朋友或者同学组成面试小组，进行一对一的模拟面试，同时让其他同伴作为观察者、反馈者。这一活动可以按照以下流程来设计。

(1) 构思面试场景：确定面试的公司和具体岗位，分析所需要的能力和素质，根据简历罗列面试中的常见问题。

(2) 角色扮演：小组成员分别扮演面试官和求职者，表演面试的全过程。

(3) 分析反馈：面试结束后小组成员互相点评模拟面试的表现、优点、缺点和需要改进的部分。

(4) 互换角色：和小组成员交换角色。

(5) 团体面试演练：找到更多的朋友，尝试演练其他面试的形式，如一对多、多对多、小组讨论等。

(四) 准备材料

(1) 求职简历。面试时必须要在手中拿一份简历，以备主考官提问时作为回答提纲用。

(2) 应聘职位的信息。面试时，有可能用到自己所应聘职位的信息，所以应将搜集的或下载的招聘资料打印出来带上，以便随时查阅和提问。在长久等候时可以翻阅与用人单位有关的其他小册子和资料，如年报、有关的广告彩页等，做到心中有数。

二、面试应注意的问题

(一) 开始阶段

1. 尽快适应面试环境

能否迅速适应面试环境，将直接影响面试中正常水平的发挥，应试者对面试环境的预期一般不要太理想化，不要设想为一个非常正规、怡人的场所，不要把面试环境事先就在脑子里规定好，而是要根据现实场景随机应变，迅速适应现实存在的面试环境。

2. 礼貌对待考务工作人员

应试者参加面试时，考官会安排一些考务工作人员负责对应试者的接待服务，热情友好地引导应试者进入考场。一般情况下，考务工作人员会热情、自然地和应试者寒暄几句，对应试者前来参加面试表示欢迎，把应试者引荐给考官，并向应试者介绍各位考官的姓名、职务等个人情况。对考务工作人员的热情服务，应试者应及时给予积极的反应，平等礼貌地表示诚挚的感谢。

3. 调节面试气氛，消除紧张情绪

建立和谐友好的面试气氛对主试和被试双方都有利。在和谐友好的气氛中，被试对主试容易产生一种信任感和亲切感，从而愿意开诚布公地说出自己的真实想法，而且会轻松自然地发挥出正常的水平。应试者面对面试的场面往往都有紧张的情绪，可采取深呼吸放松法、握拳放松法等方法自我放松。

4. 留下良好的"第一印象"

进入面试室后，考官请你坐下时，切勿噤若寒蝉或扭扭捏捏，应立即说"谢谢！"坐下时要放松自己，但要坐得挺直，切勿弯腰弓背，不要双腿交叉和叠膝，不要晃动小腿，最好双腿自然并拢或稍微分开一点儿。应试者要绝对避免伸懒腰、打呵欠、双手抱在脑后、莫名其妙地跺脚等忌讳的举动。随身携带的包、物品等应拿在手中，或放在膝盖上面。双手保持安静，不要搓弄衣服、纸片、笔或其他分散注意力的物品。

神态要保持亲切自然，和颜悦色，不亢不卑。

（二）核心阶段

1. 正确有效地倾听

倾听考官的谈话要耐心、专心、细心。不论你口才如何，若不懂得倾听，就不会给人留下好印象。因为别人讲话时留心听是起码的礼貌，别人刚发问就抢着回答，或打断别人的话，都是无礼的表现，会令考官觉得你不尊重他。

2. 冷静客观地回答

在面试中，考官往往是千方百计"设卡"，以提高考试的难度。要沉着冷静，正确判断考官的意图，分析判断考官的提问是想测试哪方面的素质和能力或其他什么评价要素，确认提问内容，对症下药，有针对性地回答，切忌答非所问。

3. 礼貌得体地提问

面试过程是考官与应试者双向信息交流的过程，一般主要是考官提问，应试者回答。应试者除非感觉确有必要，尽量少提问或不提问，特别是不要提那些特别简单、特别复杂或十分敏感的问题，因为大多数考官不习惯于回答应试者的提问。这是基本原则，一般情况下都要遵循。并非说应试者不能提问题，礼貌得体的提问往往能活跃面试气氛，激发考官的兴趣，显示应试者的热情、自信和才华，起到锦上添花的作用。

4. 恰当合理地解释

在面试中解释是常用的表达方式。解释的目的是将考官不明白或不了解的事实、观点说清楚，或者是阐释某件事的原因，或者是将考官的误解及时澄清。要本着实事求是的态度如实向考官说明，不要寻找借口、强词夺理，更不能巧言令色、凭空编造。

5. 掌握小组面试中的谈话技巧

小组讨论方式是对应试者在风度、教养、见识等方面的综合考查。面对小组面试，入场时要争取获得一个好印象，向每位评委微笑致意，谦虚、谨慎、礼貌地回答每位评委的任何提问，以情感人，争取每个评委给出较好分数。遇到几个评委接连提出不同的问题，要保持清醒的头脑，切勿慌乱。个人发表意见时要观点明确，尽可能表达论证点，再进行简要阐述。受到反驳时，应冷静并表现出涵养，必要时可予以解释，以更多、更好的论据支持自己的论点。听清问题，待提问完毕后再从容回答。要镇定自若，既要一一回答，又要显得彬彬有礼。

（三）收尾阶段

在收尾阶段，考官的神情会更为自由放松，目光中"审视"的意味会明显减少，谈话语气会显得更加柔和，等等。因此，应试者努力在最后阶段抓住时机，给考官留下美好的印象是至关重要的。

（1）配合考官自然地结束面试。临近结束，考官一般都会给应试者最后的、充分提问或重申、强调某些信息的机会。应试者应注意察言观色，判断时机，抓住机会，向考官传达一些重要的有利的信息，既要尽力表现自己，又要适可而止，见好就收。应试者要全力配合考官，使面试在自然、轻松、愉悦的气氛中结束。

（2）礼貌地向考官告辞。当考官暗示或明示可以结束面试时，应试者要礼貌地与考官告辞。告辞时应试者还可以说一些向考官们虚心求教的话。同时，可以向考官询问与其联系的方法，如果考官没有明确告诉什么时候可以接到面试结果通知，可以向他提出这个问题。辞别时应整理好随身携带的物品，不要丢三落四，要从容稳重、有条不紊。

（3）对考务工作人员表示感谢。如果在进入面试房间前，有秘书或接待员接待或招待，在离去时应向他们的服务表示诚挚的感谢。

（4）面试结束后，别忘了致谢。面试结束后招聘并没有结束。面试之后向招聘官表达谢意，可以加深招聘官对应试者的印象，进而增加求职成功的可能性。

（四）面试结束阶段

面试结束后，能否被录取尚为未知数，面试官事后还要对应聘者重新进行审核。如果能在招聘单位最后做出决定之前做些积极的努力，或许会取得好的效果。一般来说，应该从以下两个方面努力：

（1）回顾与反省。应聘者在面试结束后要仔细回忆和分析面试场景，从以下问题中找出自己的不足，以便进一步做出有效的努力：出现的面试官的姓名和职位是什么？单位要求是什么？首要目标和最大的挑战是什么？为什么我能做好这份工作？哪些问题没有回答好？为什么？双方共同认为下一步应该做什么？和面试官最后几分钟谈话的内容是什么？

（2）与招聘者保持联系。千万不要忘记在面试后的一两日内写一封感谢信，其内容是：感谢对方给的面试机会。感谢信的作用是：引起招聘者的注意，加深印象；可以澄清面试中可能出现的误解，消除对方疑虑；可以补充资料，补充说明；重申应聘工作职位的诚意、决心。一般在面试后一周左右适当的时间里主动打电话询问面试结果，但是不要过于频繁，以免引起对方的反感。

第四节　面试的原则和常见问题

一、面试的原则

（一）事实原则

在面试中要证明你能力很强，非常优秀。比如毕业于名校，成绩很好，获得过奖学金，学的是对口的专业，曾经有过很好的实习等。当面试官问你的教育背景、社会活动，特长优势等时，你要用事实证明你是优秀的。

（二）适合原则

面试官考察的标准之一是"适合"，不是最优秀的就是最好的选择。面试官更愿意招收的是真正珍惜这份工作的人。在面试中要强调的是"我适合这个岗位，适合这个企业"。还可以结合这个职位，阐述一个具体的职业生涯规划，使对方相信，这个职位是实现职业目标的必经之路。

（三）自信原则

面试中的自信是能力的表现。自信的人成功的概率会更大。自信的基石是良好的准备、准确的自我定位。面试前要非常清楚自己的优势和劣势。多准备一些事实和成就故事，在面试时可以底气十足地举出相关的实例。

（四）翔实原则

翔实原则指的是具体、详细地说明自己的理由。这就需要应聘者详细挖掘自己与众不同的个性，挖掘过去的真实经历，证明拥有的各种成就，而不是人云亦云。例如，美术设计者、漫画家或者其他任何"出产品"的人，一定要带上一份作品或作品的照片、相关影像资料。在职业规划的层面，应聘者应当多了解行业发展情况、相关技术的应用，掌握第一手翔实的资料。

（五）细节原则

本书第一章介绍了很多应聘者自我认知的方法，应聘者可以结合自己的兴趣、性格、能力、价值观等个性化特征，回到生命经验和故事中展开讲述，故事中的细节往往是比较打动人的。

二、面试中常见的问题

面试常见的问题其实与简历是紧密联系的，见表3-2。

表3-2　　　　　　　　　　面试中常见的问题

对应简历模块	内容描述
个人信息	1. 自我介绍 2. 你的优缺点
求职目标	3. 为什么想到本公司来工作？ 4. 你觉得你适合这个岗位吗？
教育背景	5. 为什么选择这个专业？ 6. 你最喜欢（不喜欢）什么课程？为什么？ 7. 为什么不读研？以后打算读吗？
工作或者实习经历	8. 你实习的这家公司是做什么的？ 9. 在你的××实习经历中，你遇到过什么困难？你是怎么解决的？ 10. 你的这段销售实习经历提到帮助公司提高了10%的营业额，这个数据是怎么来的？
项目经历	11. 简要介绍下这个项目的背景情况以及你完成的工作。 12. 在这个项目的完成过程中，你们是如何分工的？
社会实践	13. 你参加了那么多的社团活动，哪个使你印象最深？ 14. 在做志愿者的经历中有什么收获？
奖励情况	15. 在获奖的过程中，你都付出了哪些努力？克服了哪些困难？
英语、IT技能	16. 为什么只过了英语四级？ 17. 对编程语言的掌握程度如何？
其他信息	18. 你的家庭情况如何？ 19. 你有哪些兴趣爱好？

除了针对简历进行提问外，面试官还会通过行为面试或开放性问题来考查应聘者的能力和素质。建议面试前准备以下行为面试问题和开放性问题。

（一）可能出现的行为面试问题

（1）令你印象最深的一件由你来负责的事情是什么？

(2) 在过去的经历中，你认为最成功的一件事情是什么？
(3) 在过去的经历中，你认为最失败的一件事情是什么？
(4) 请举个例子说明你的团队合作能力。
(5) 你有与他人意见不合的经历吗？你是怎么处理的？

(二) 可能出现的开放性问题
(1) 如果你的意见与上级不一致，你怎么办？
(2) 你对跳槽怎么看？
(3) 你对加班怎么看？
(4) 你对薪酬的要求是怎么样的？
(5) 你还有其他问题吗？

三、常见的面试问题解析

(一) 第一类问题：询问个人信息

1. 简要介绍自己

简明扼要地介绍自己，包括在哪里长大、兴趣爱好、最喜欢的工作等。一般来说，回答这个问题应把重点放在自己的优势及主要成绩上。有意识地强调一些希望进一步让面试官了解的内容，引导就这些话题展开提问，从而让自己有可以发挥的空间。在面试之前，要有具体的规划：强调哪些方面？有哪些闪光点？比如：应聘销售类岗位，要主动强调组织过大型的活动，解决了哪些问题、提升了哪些能力等，有耐挫力等。

2. 你有什么特长、爱好？

对这个问题要据实回答，不可无中生有，也不可过分谦虚。因为一个爱好广泛、多才多艺的毕业生备受用人单位的青睐。

3. 谈谈你最大的弱点是什么

没有完美的人，像所有的人一样，每个人都是有弱点的。你也有局限，但你会不停地学习，提高自己。也可以提到一个弱点，然后强调其中的积极因素，如："我不太注重计划，因为我更喜欢变化和创新。"

4. 请分别用一个词来说明你突出的三个优点和一个缺点

可以结合兴趣探索、性格探索、能力探索的内容仔细梳理和目标岗位最为相关的三个优点和一个缺点，要真实并具有和目标岗位相关的针对性。

例如，应聘会计岗位时可以回答："严谨、细心、对数字敏感；缺乏创新"。

缺乏创新精神并不会给会计工作带来阻碍，所以在回答缺点的问题时可以说和岗位不很相关的个人特质。或者也可以加上一个足以弥补缺点的优点。比如在"缺乏经验"前加一个"善于学习"。

(二) 第二类问题：工作信息问题

1. 你了解我们单位吗？

提出这个问题的人是想了解你对其单位的关注程度。有的可能是在暗示你，本单位福利待遇不高，工作比较辛苦，想试探你是否有思想准备。对这个问题的回答应坦率，知之为知之，不知为不知，免得左拉右扯，胡乱猜测，闹出笑话。因为对用人单位来说，这不是最重要的。重要的是直接回答这个问题之后，应表明你对福利、条件并不看重，只要有工作可干就行，并不挑肥拣瘦的态度。

2. 为什么你选读此专业？

这个问题主要是考察你对专业的热爱程度，以及将来你从事该项工作的态度。有的人可能入学时就向往并热爱所学专业，而有的人则是通过大学学习逐渐爱上这一行的。这两种情况都可据实回答，无需加工修饰。因为用人单位要知道你现在的态度，并不关心你高考时的志愿。

3. 你学过的科目与我们的工作有什么关系？

回答时，要简明扼要地把你学过的重点课程，特别是与用人单位所需人才的关系讲清楚。在介绍自己专业成绩的同时，说明到单位后可以利用学过的哪些知识来为单位服务。这时要避免拔高、吹嘘，别忘了承认你存在实践经验不足，还需要进一步在工作中锻炼的弱点。

4. 你喜欢你的学校吗？你的老师怎样？

一般而言，对这个问题要持积极肯定的态度。一个不爱母校、不尊敬老师的求职者不会受欢迎。

5. 你为什么对这份工作感兴趣？

面试前要详细了解工作的具体内容、特点。在回答中适当表现出你对这份工作有充分的了解，并能够分析出自己的哪些能力和素质是符合这个工作的需要的。

例如：销售工作是非常有挑战性的工作，它要求很强的交流能力和处事能力。我非常外向，擅长和各种人打交道，和人建立良好的关系是我的强项，我有信心胜任这个工作。我以前积累的实习经验也能给公司带来一些新的东西。

6. 你为什么愿意到本单位工作？

回答这个问题时，应多从工作性质、工作环境如何有利于自己专业发展，立志干一番事业，为单位多做贡献的角度来叙述。你的兴趣爱好与用人单位性质相宜的也可以谈。但绝不要讲工资高、福利好等等，那样用人单位会感到你择业的动机不纯。

7. 为什么你认为自己适合这个职位？

在面试前要了解公司对这个岗位的要求。首先告诉对方你认为这个职位需要什么样的人。其次通过描述具体的事例证明自己的能力和潜质，最后得出结论"我相信自己就是你们想找的人"。

（三）第三类问题：职业规划的问题

1. 你的短期目标和长期目标是什么？

建议将短期目标界定为当前你要实现的目标，而长期目标是期望在这家企业里得到的发展。

例如："我的短期目标是进入到一个规范、正在不断发展的企业，得到一份有挑战性的工作。长期目标是从当前这份基础工作做起，不断磨练自己，与公司共同进步，最终进入管理层，成为相应领域里有能力的领导者。"

2. 是不是打算继续学习？

有的用人单位希望你将来进一步继续深造，而另一些用人单位则希望你坚守工作岗位。无论如何，回答这一问题时，可以表明你愿意进一步深造的愿望；但同时说明，如果工作需要，也愿意放弃进一步深造的机会。

 **课后练习**

面试情境训练：以小组为单位，模拟所给的案例进行面试训练。

以下是一个到咨询公司应聘的毕业生所经历的面试对答。

面试官：你为什么想进本公司？

毕业生：咨询业在国内是一个比较新的行业，发展前景很是广阔。而且贵公司年前就独具慧眼，在上海建立了分公司，现在已经是最著名的咨询公司之一。如果我有幸加入贵公司，将是对我个人能力的一种肯定。另一方面我曾经听一位前辈介绍说现在上海咨询业竞争很激烈，我是一个喜欢接受挑战的人，所以很想进贵公司。

面试官：那么你具体对哪一个工作最感兴趣？

毕业生：我最想进的是咨询服务部。这个部门很富有挑战性，也可以学到很多东西。现在国内很多企业都不是很景气，如果能帮助它们走出困境，将是一件很好的事情。

点评：以上两个问题是面试中最常见。该同学明确地表达了对公司以及具体岗位的兴趣。不详细了解公司情况是无法从容回答这样的问题的。

面试官：如果其他公司和本公司都录用你，你怎么办？

毕业生：对我而言，能同时被几家公司录用，是一件让我高兴的事。我想，公司希望招聘到优秀而且合适的学生；同样，我也希望自己能做出一个正确的选择。我会仔细比较各公司的特点，包括公司的待遇、工作环境等，并结合我的兴趣和专业，努力找到一个最佳结合点，做出最优化的选择。但说实话，这确实是一件比较难办的事情，不知道您能不能给我一点建议。

点评：这个问题是公司在试探你加入的意愿是否很强烈，一定要给出明确的回答。该同学的回答显得玲珑有余而主见不够。

面试官：你觉得你哪些方面潜能可以在本公司得到发挥？

毕业生：我想每一个求职者都希望能发挥自己的所有潜能，而并不仅仅是使用学校里所学到的专业知识。如果我的潜能得不到发挥的话，对公司而言是一个损失，对我个人也是损失。我个人理解潜能包括对工作的热情、自信、对现代公司的理念的理解和实践、人际关系能力、高效率的工作、处理危机的能力等等。就我来讲，如果有幸加入贵公司，我会努力争取锻炼自己，发展自己，为公司发展做出贡献；另一方面，也希望公司能提供这样一个环境。我在大学里曾担任校团委宣传部长，负责过一些大型活动的宣传工作，在公共关系方面积累了一些经验。

面试官：请具体谈一谈。

毕业生：去年我参加了第八届全运会组委会与校团委举办的八运志愿者校园招募活动。我们首先利用海报、校园广播做了宣传，然后开了一个情况介绍会，邀请组委会领导和学校领导出席，又请之前的志愿者介绍了经验，效果很好，出色地完成了任务。

点评：以上两个问题是了解你的能力和工作兴趣的问题，应实事求是地回答，注意充分表现自己的信心和能力，但千万不要夸大其词。

面试官：你对如何将在大学学习的知识与工作应用结合怎么看？

毕业生：大学里学到的知识主要是书本知识，教师在课堂上讲述的知识以及自学的知识。这些要用到工作中去，一定要结合公司的实际。每个公司都有自己的特点，譬如说会计，我相信每个公司都有自己的内部会计制度，所以在工作中需要不断学习。事实上我自己认为我在大学里学到的书本知识并不是我最大的收获，而是培养的自学能力和分析问题的方法，这个对我很重要，我想在工作中也是如此。

点评：这是个可以自由发挥的问题，阐述自己的看法并以令人信服的理由说明就可以。注意言简意赅，条理清楚。

面试官：一个人工作和团体合作，你喜欢哪一种？

毕业生：这个问题我没有固定的答案，要看工作的具体内容而定。如果是简单的、一个人可以做的工作，大家一起做的话，反而会增加工作的复杂性，在这种情况下，我倾向于一个人工作；反之，在大多数情况下，我愿意团体合作。这个世界的变化很大、很快，也很复杂，而一个人的工作能力有限，团体合作将更有助于有效地实现一个目标。

点评：无论用什么样的方法回答这个问题，一定要记住一点：缺乏团体合作及集体精神的人是不能被企业或公司接受的。

面试官：你以前在学校里有没有团体合作的经历？

毕业生：我曾经在学校里参加过戏剧节里一个戏剧的具体节目。一个节目首先要有创意，同时也要由校方提供条件，这就有个协调和合作的过程。我的具体职务就是协调人。创意要由编剧化为剧本，然后有一个挑选演员的过程，进而是角色的分配。这里往往也有矛盾。譬如说谁演主角，谁演配角。只有大家一起团结协作，才能使角色之间达到平衡。编剧和演员之间更要合作，因为每一个人对剧本都有他自己的理解，只有当大家对剧本有一个统一的理解以后，才能把戏真正演好。

面试官：如果分配你到其他部门工作，你愿意吗？

毕业生：可以，因为我喜欢的是贵公司所从事的咨询行业，在其他部门工作，对自己熟悉整个事业的过程应该很有帮助。

面试官：好，今天就谈到这里，三日内公司给你通知。

毕业生：谢谢！非常感谢您给我这次面试机会。

点评：面试成功与否，归根结底还是取决于一个人的综合素质。面试技巧只能帮助同学们少走弯路，更好地展现自己的优势，以便更顺利地找到适合自己的工作。面试技巧的成功运用建立在对自己的充分了解和合理定位的基础上。

第五节　面　试　礼　仪

面试礼仪是指人们在面试场所中应当遵循的一系列礼仪规范。我们通常把面试礼仪分为常规类和交流类两种。常规类礼仪是指日常常用的具有规则性的礼仪，也就是日常生活中的"待人接物"；交流类礼仪是在交流过程中体现的礼仪，有一定的学问。

一、肢体语言

1. 眼神

交流中目光要注视对方,但万万不可死盯着别人看。如果不止一个人在场,要经常用目光扫视一下其他人,以示尊重和平等。

2. 握手

应聘者应等待面试官伸出手后再握手。握手应该坚实有力,双眼直视对方。不要过于用力,不要使劲摇晃;不要用两只手,这种握手方式在西方人看来不够专业;手应当是干燥、温暖的。

3. 坐姿

不要紧贴着椅背坐,不要坐满,坐下后身体要略向前倾。一般以坐满椅子的三分之二为宜。这样既可以腾出精力轻松地应对考官的提问,也不至让人觉得过于放松。

4. 动作

在面试时不可以做小动作,比如折纸、转笔,这样会显得很不严肃,分散对方的注意力。不要乱摸头发、胡子、耳朵,这可能让人误认为你在面试前没有做好个人卫生。用手捂嘴说话是紧张的表现,应尽量避免。

二、谈吐

1. 简洁

要突出个人的优点特长,并有相当的可信度。语言要概括、简洁、有力,不要拖泥带水、轻重不分。

2. 体现个性

要展示个性,使个人形象鲜明,可以适当引用别人的言论,如用老师、朋友的评论来支持自己的描述。

3. 突出事实

坚持以事实说话,少用虚词、感叹词。

4. 重逻辑

要注意语言逻辑,介绍时层次分明、重点突出。

5. 合理用语

尽量不要用简称、方言、土语和口头语,以免对方难以听懂。当不能回答某一问题时,应如实告诉对方,含糊其辞和胡乱吹捧都会导致失败。

三、穿着

对于面试穿着打扮,有一个很重要的原则就是要符合"学生"的身份,在面试时首先考虑的应当是自己的身份,其次才是面试的场合。很多人一想到面试就是西装笔挺、皮鞋锃亮,其实这是片面的想法,只要我们穿着得体,符合学生的身份就可以。

(一)男生的包装

(1)仪容仪表整洁干净。剃净胡须,头发剪好梳理整齐,不要顶着一头蓬松乱发。有面试的机遇,就必须按符合面试的发型来留,一般是要短发或偏分的发型,显示清新和向上的风貌。最好穿西装面试,颜色以素净为佳,应熨烫笔挺,扣好西服和衬衣扣子,这样最具有职业风貌。衬衫以白色较好,不能穿得太花哨。打好领带,颜色以明亮为佳,但不应太鲜艳,以能带给他人明朗良好的印象为宜,别上领带夹。领带要平整,不要给人一种衣冠不整的观感。

(2) 擦亮皮鞋。皮鞋颜色的选取要与衣服搭配稳妥,比如选黑色的皮鞋,可与浅色衬衣、深色西装搭配,一定要经常擦鞋,保持鞋面的清洁光亮;否则,会显得不协调。尤其是面试前,要擦亮皮鞋。

(3) 袜子要够长。如果你选择的是一双鞋面较低的无带鞋,袜子的颜色应当和西服相配,通常应选蓝色、黑色、深灰色或深棕色。袜子要够长,在叠起腿时不至露出有汗毛的皮肤,而且要有足够的弹性使它们不至于从腿上滑下或缩成一团。当然袜子也不宜过短。

(4) 公文包要简单。简单的公文包是最佳选择。携带一款整洁的文件夹,简单有序地装好应聘的必要材料。避免带任何会使人想起推销员的皮包。还要注意看看包带和扣是否好使,把包拉上,看看是否能开合自如等。

(二) 女生的包装

穿着应有上班族的气息。裙装、套装是最合宜的装扮,裙装长度应在膝盖左右或以下,太短有失庄重。

面试时应穿高跟鞋,最好不穿平底鞋。别穿跟太高的鞋,那样走起路来摇摇晃晃,给人不稳当的感觉。头发梳理整齐,不要顶着一头蓬松乱发。应略施脂粉,但勿浓妆艳抹,不要染指甲。

公文包或手提小包带一个即可,不要两个都带。在多数面试场合,携带公文包比手提小包体现出更多的权威;可以把需要携带的物品放进无带小提包,然后把它装进公文包内。

分小组自行练习面试中的站姿、走姿、坐姿,进行面试问题情境训练,并互相点评。

第六节 无领导小组面试

一、无领导小组面试的定义、基本流程和具体程序

(一) 无领导小组面试的定义

无领导小组面试是采用情景模拟,以一定数量的考生成组,对给定材料进行讨论,并得出最终结论的集体面试方法。评价者观测考生的组织协调能力、口头表达能力、辩论的说服能力等各方面的能力和素质是否达到拟任岗位的要求,以及自信程度、进取心、情绪稳定性、反应灵活性等个性特点是否符合拟任岗位的团体气氛,由此来综合评价考生之间的差别。

(二) 无领导小组面试的基本流程

第一阶段,考生了解试题,独立思考,列出发言提纲,一般为 3~5 分钟;第二阶段,考生轮流发言阐述自己的观点;第三阶段,考生交叉讨论,继续阐明自己的观点,或对别人的观点提出不同的意见,并最终得出小组的一致意见。

(三) 无领导小组面试的具体程序

(1) 讨论前事先分好组,一般每个讨论组 6~8 人为宜。

(2) 考场按易于讨论的方式设置,一般采用圆桌会议式,面试考官席设在考场四边。

(3) 应试者落座后,面试考官为每个应试者发空白纸若干张,供草拟讨论提纲用。

(4) 主考官向应试者讲解无领导小组讨论的要求(纪律),并宣读讨论题。

(5) 给应试者 5 分钟准备时间(构思讨论发言提纲)。

(6) 主考官宣布讨论开始,依考号顺序每人阐述观点(1 分钟),发言结束后开始自由讨论。

(7) 各面试考官只观察并依据评分标准为每位应试者打分,不准参与讨论。

(8) 无领导小组讨论一般以 20~30 分钟为宜,主考官依据讨论情况,在合适的时间宣布讨论结束,收回应试者的讨论发言提纲,同时收集各考官评分成绩单,考生退场。

(9) 记分员按歌唱比赛评分方法去掉一个最高分、一个最低分,然后得出平均分,计算出最后得分,主考官在成绩单上签字。

二、无领导小组面试的评分标准

(一) 无领导小组面试计分的内容

(1) 语言方面:包括发言的主动性、组织协调能力、口头表达能力、辩论说服能力、论点的正确性等,这些不同的要素有不同的权重得分。在具体实施过程中,可根据具体情况,以各院校不同专业为依据,确定测评的要素和各要素的权重。

(2) 非语言方面:包括面部表情、身体姿势、语调、语速和手势。

(3) 各考官分别对每个考生的某几个特定测评要素打分。在具体实施时,考官可根据考官水平和特长等情况针对性地选择使用某一种计分方式。

(二) 无领导小组讨论的计分方式

(1) 各考官对每个考生的每一个测评要素打分。

(2) 不同的考官对不同考生的某一个测评要素打分。

(3) 各考官对每个考生的自信心、进取心、责任心、情绪的稳定性要素进行打分。

(三) 无领导小组面试计分举例

1. 发言主动性

发言积极主动,发言次数在 4 次以上,每次发言均有新意,不重复,得 4~5 分;发言不够积极主动,发言次数在 3 次以下,每次发言重复内容多,得 1~3 分。

2. 组织、领导能力

善于总结和利用他人的观点，并能够协调其他考生之间的冲突，得3～4分；协调能力较差，不善于利用他人的观点，在讨论中显得孤立无援，得1～2分。

3. 综合分析论证说服能力

综合分析能力强，善于系统、全面地分析问题；论点鲜明、论据充分、逻辑性强；语言说服力、感召力强，得7～12分。

综合分析能力较弱，看问题缺少全面性、系统性；论点不鲜明，易受他人观点影响从而左右摇摆不定；论据没有层次，不清晰；语言平淡，说服、感召力不强，得1～6分。

4. 论点准确性

准确论点一般分三点，答对其中的一点给3分，漏一点扣3分，满分9分。

三、无领导小组中的重要角色

（一）破冰者

在自由讨论环节第一位发言的小组成员称为破冰者。破冰者的意义在于启动讨论的开始，第一个吃螃蟹的人不用担心有人的观点与之重复，只需要担心是否会被别人反客为主。

破冰有如下两种形式：一种是讨论内容的破冰，例如直接发表自己的观点，并征求他人的意见。这类的破冰很考验考生的发言质量，一次好的内容破冰要直击问题的本质和核心，在此基础上带领大家对题目的本质进行充分的讨论。成功的内容破冰可以快速让讨论走向正轨，节省讨论的大量时间。另一种则是程序上的破冰，即根据面试时间、题型、成员人数等因素进行的破冰。例如安排讨论的时间等。程序上的破冰不同于内容破冰，对考生的言语技巧要求较高。而程序上的破冰隐含的信息就是为之后争夺领导者（leader）做铺垫。

（二）组织者

在整个自由讨论环节，负责调配小组成员发言，缓和气氛，领导大家完整地结束讨论的称为组织者。一个团队的组织者，最终极的目标应当是顺利地帮助团队完成整个面试，而不是突出自己的个人英雄主义，将自己与其他成员区别开，凌驾于他人之上发号施令！

组织工作对组织者的语言技巧有极高的要求，组织者如何顺利地完成组织工作，是需要组织者花心思的。例如，当讨论陷入僵持阶段时，组织者应当站出来掌控局势；当讨论偏离主题时，组织者应当及时将讨论话题拉回正轨；当大家无话可说时，组织者应当根据自己的理解寻求讨论的突破点；当两位成员争执不下时，组织者还要出来当"和事佬"缓和气氛。在团队讨论中，优秀的组织者会考虑在场所有成员的具体情况合理分配发言机会，"整组测评，个人打分"这一原则要求所有成员既是队友又是战友，每个人都是团队的一份子，至少在明面上大家都是平等的。合理地分配发言机会不仅可以让组织者在团队中的重要性更加稳固，也可以为其争取一位有利的盟友。鼓励每一位成员一起讨论，整个团队拧成一股绳，才可能为整组争取到更高的评分基准点。

一个好的组织者贯穿整个自由讨论的始终，是团队的桥梁，是整个团队最不可或缺的一部分！

（三）时间掌控者

既然是考试，就会有时间的限制。前文提到过，不论是自由讨论或是总结陈词，都有规定的时间限制。时间掌控者顾名思义就是团队负责计时的大脑，所以如果你是这位，那你最好戴块手表。

在这个角色中，时间管理是最基础的任务，例如安排每位同学发言的时间要求，留出多少时间大家一起总结讨论结论等等。但只负责提醒时间是最低层次的角色扮演，我们不推荐考生只到这一步。

在拿到题干以及个人发言这段时间，你有充足的时间可以去估算题目的难点大概在什么位置，大概需要多少时间，考生之间的观点交锋会集中在哪一方面。心里盘算个大概之后，在自由讨论开始时就可以根据你所预估的形式分配讨论的时间。角色注定了需要与组织者配合完成整个讨论，这是一个相辅相成的角色，在无领导小组讨论中，每一位成员都有其存在的意义和价值，圆满完成你的任务，你的分数不会比他们低。

（四）观点创新者

观点创新者指在讨论中提出创新观点的人，这类成员发言一般思维较为发散，能够在讨论中给大家提供建设性的意见，能够对其他考生的观点及时做出补充和完善，让整个讨论结论更加完整周密。

观点创新者可以有很多人，也可以一个人提出很多观点，考官会根据具体情况具体分析。

（五）总结者

总结者是在无领导小组面试的最后阶段——总结环节，向考官汇报讨论的成果的人。总结者是个人独奏，在总结之前，需要对整个无领导小组讨论的进程和每位考生发表的观点做出完整的记录，可以不逐字逐句记但是至少要做到心中有数。在总结时优秀的总结者可以完整地将整个讨论还原并给考官最终的意见。

（六）领导者

领导者与其他身份不同，领导者需要小组成员真正的信服，不是每位同学都适合成为领导者。领导者需要拥有良好的大局观和发言能力。

在大部分无领导小组讨论中，组织者是最有潜质成为 leader 的人。但是优秀的人往往各方面都很优秀，优秀的领导者往往"身兼数职"。所以考生应当在每个方面都力求做到尽善尽美，才能在面试中脱颖而出。

在以上几个角色中，角色之间可以相互转化，但不论是哪个角色，都是在讨论之外的"副业"，最终讨论本身是否精彩，观点是否明确，才是无领导小组面试的本质所在。

四、无领导小组面试的注意事项

（一）仔细倾听别人的意见并给予反馈

在倾听别人意见的同时记录对方的要点，抬头聆听对方并适时地给予反馈，比如点头示意等，表明自己在倾听其他成员观点。

（二）对别人正确的意见予以支持

团队中每个人都具有标新立异的能力，但不意味着每个人都有支持别人的魄力，适时支持其他团队成员有助于团队按时完成任务。

（三）适时提出自己的观点，并设法得到小组成员的支持

在团队中清晰简明地提出自己的观点和意见，并理性地证明自己观点的优点和缺点，以得到别人的支持。

（四）对别人的方案提出富有创造性的改进意见

有时候很多成员会发现，前面发言的人有很多观点可以说，但是轮到自己发言的时候，可说的观点已寥寥无几。这时，可以对前面的某些观点予以补充和改进，这样可以拓展某些问题的讨论深度和广度，也让考官感觉到你的发言不是停留在问题表面，而是有深层次的思考。

（五）在混乱中，将讨论引导到正确的方向

有时候小组讨论非常混乱，无中心、无目的、无时间概念。这时应以礼貌的方式引导大家向有序、理性的方向讨论，包括提示大家时间、当前最需解决的问题，以及是否应进入下一个讨论阶段等。即便引导最终没有成功，但是考官会欣赏你有这样的意识。

（六）在必要时刻适当妥协，以便小组在最终期限前达成结论

小组讨论通常都会有一个明确的目标，比如在什么场景下，遇到什么问题，运用什么资源，提出什么方案，达成什么结论。这是一个有特定任务和时间限制的团队项目，所以在任何情况下，只要有一丝可能都要尽量在最终期限前小组成员达成一致，得到共同结论。结论没有十全十美的，这时妥协就成了达成结论的必要手段。妥协的实质是"大局观"，在紧迫的时间点上，妥协的魄力同样会被考官赞赏。

（七）具有时间观念

工作中的团队对时间观念非常在意，能否在最终期限前给予计划是很重要的。能够在自己陈述观点、倾听别人观点或是讨论中表现出时间观念是可以加分的。

（八）能够领导整个讨论

通常这是一把双刃剑。领导需要得到大家的支持，如果大家反对或无人配合，则自告奋勇地充当领导者角色会成为败笔。领导同样可以通过比较隐形的驾驭方式表现出来。

五、无领导小组面试的禁忌

（一）完全忽略别人的论述

通常表现为在别人发言时埋头写自己的演讲稿，对于别人的论述一无所知，并片面地认为只要表达自己的观点就足够了。

（二）不礼貌地打断别人

表现为在别人论述过程中，听到了与自己相左的观点便打断别人，开始自己的长篇论述。通常正确的做法是记下这些有异议的观点，待对方发言完毕或在讨论过程中再适时提出。

（三）啰唆

烦冗的陈述会令团队成员生厌，并表现出毫无时间观念。

（四）过激的语言表述

当不同意对方的观点时，尽量避免使用"我完全不同意××的观点"或"××的观点是完全错误的"等表达方式。更合理的表达可以为，"××的观点虽然比较全面地分析了……但是在某些方面可能还有改进的地方……"。这里涉及沟通技巧，需要平时的锻炼。

（五）否定一切，太自负

否定别人一切的观点，只认为自己的观点是正确的，这样很没有意义。

（六）没有把握好领导者的角色

极力想表现自己的决策能力或者领导能力会招人反感。充当领导者的度很难把握，太强则会太自负，太弱则又与领导者的应有作用不相匹配。建议没有十足的把握不要轻易尝试这个角色。

课后练习

海上救援（世界 500 强 LGD 面试题）

发生海难，一游艇上有八名游客等待救援，但是现在直升机每次只能够救一个人。游艇已坏，不停漏水。寒冷的冬天，刺骨的海水。游客情况：

（1）将军，男，69 岁，身经百战。

（2）外科医生，女，41 岁，医术高明，医德高尚。

（3）大学生，男，19 岁，家境贫寒，参加国际奥数获奖。

（4）大学教授，50 岁，正主持一个科学领域的项目研究。

（5）运动员，女，23 岁，奥运金牌获得者。

（6）经理人，35 岁，擅长管理，曾将一大型企业扭亏为盈。

（7）小学校长，53 岁，男，劳动模范，五一劳动奖章获得者。

（8）中学教师，女，47 岁，桃李满天下，教学经验丰富。

请将这八名游客按照营救的先后顺序排序。

（3 分钟阅题时间，1 分钟自我观点陈述，15 分钟小组讨论，1 分钟总结陈词。）

第四章 专业与通用能力提升

第一节 目标职业与专业能力

目标职业就是从事最有工作满足感的职业,即进步和发展最快的职业,最能发挥自己的性格和天赋优势,是职业发展的最佳路径,也是一生长期发展的职业。选择目标职业能取得职业生涯长期的成功,而不是依赖某个偶然机会在短时间内的成功。需要注意的是,不能把目标职业狭隘地理解为一份工作,目标职业是人生目标之一,不能孤立地去考虑。目标职业是在人生目标的基础上确立的。确立时还需要考虑个人的内因与外因。内因主要包括价值观、兴趣、能力、知识等;外因主要包括人际关系、经济状况、父母期望、劳动力供求关系、岗位能力和素质要求、工作地点、企业文化等。

在确定目标职业时,首先要知道自己一直想做的事,这样会找到自己的兴趣。其次要清楚现在能做的,包括经验、知识、技能、思维方式。这样,就可以找到自己做事的切入点。第三要明白自己将来要做什么,即职业期望是什么。将三者结合起来才能确定自己的职业目标。

一、什么是专业能力

专业能力,是指从事职业活动所需要的知识和技能,以及运用已经掌握的知识和技能解决职业工作中的实际问题的能力。专业能力是人们从事某一特定职业所必须具备的能力和本领。

微课视频

高效时间管理的五个方法

二、如何提升专业能力

提升专业技能，可以从以下三个方面着手。

（一）增进专业基础知识

专业基础知识是前人积累下来的宝藏，它使我们能够准确而深刻地认识、解释专业领域中的各种事物和状态。专业基础知识引领我们入门，也是日后我们专业能力发展的重要推进器。目前，学习阶段是增进专业基础知识至为重要的一个时期，系统学科专业知识使我们在毕业的时候获得了从业的基本资格，并将在我们今后的职业生涯中发挥基础性的作用。如果说专业基础知识的增进还是"练兵"，下面两项则是"实战"。

（二）提升专业实践技能

专业实践技能是实际从事专业活动表现出来的一系列外部行为方式。专业基础知识可以借助书本和资料学习，但专业实践技能就必须通过我们自己的实际操作才能够获得。实践技能需要从"做"中"学"，需要经过反复操作，才能提升熟练程度，进而达到更高的技能水平，形成自己的技能经验。

学校给我们提供了很多提升专业实践技能的机会，如实训课、实习等。我们应积极投入到这些实践活动中去，切实培养操作技能。

1. **选择合适的专业实践方向**

在确定方向之后，深入了解相关方向的理论知识，钻研相关方向的实践活动。例如对编程有兴趣的学生，可参加多个软件编程项目组，边完成项目边巩固编程知识，达到事半功倍的效果；而对学科前沿知识有热情的大学生，可积极联系导师，争取进入实验室的机会，学习实验方法和科研技巧等。合理安排好校内学习和课余钻研的时间，在项目中学习，在学习中进步。在一个方向上积累了足够的经验，就可以准备自己创新创业的课题了。

2. **组建创新创业学生团队**

现代社会已经脱离了单打独斗的工作模式，团队合作对于创新创业来说是必要的前提。创新创业团队在初期组建时主要有以下三种模式：

（1）兴趣组合式。要求每一个组员对同一个课题有着极大的兴趣和热情，这样保证了团员的工作效率和积极性。团员可以在校内相关社团寻找，也可以在网上论坛和社交部落上寻找。

（2）零件拼凑式。这需要组团人对整个课题有初步的规划，按照初期的计划表根据需求找到有相关优势的人才。例如一个卖产品的项目，需要研发产品的人和营销产品的人，这两类人可以分开来找。

（3）导师推荐制。如果课题由具有经验的导师指导，可以让他充当组团人来组织整个团队，因为他有相关项目经验，知道什么样的团队能成功。

在创新创业实践的前期要定位好自己在团队内的角色。团队的队长需要具备责任心、耐心，还要有可以作为全队榜样的干劲和斗志，副队长需要协调好组员之间的关系，普通组员各司其职，该出力的时候不要扯全队后腿，负责撰写报告的组员要紧跟项目进展。

3. **在项目中锻炼职业技能**

大学生应该充分利用项目实践的机会锻炼自身，发展职业技能。大学生一般都是通过尝试不同的实践活动最终确定创新创业的方向，并进行了长期的理论准备和反复实践，学生们可利用在项目实践活动中积累的经验、能力等优势给自己的择业增加筹码。

例如，参加软件、硬件开发项目的同学可总结自己在项目中的实践经验，提高动手能力和项目开发水平，缩短就业时的实习期；在项目中负责营销和对外联系的同学，要总结好自己项目管理和对外公关的经验，为将来从事同类型的工作打下基础。

（三）培养专业问题解决能力

一定的实践技能可以让我们基本胜任职业工作的一般要求。作为一名高职毕业生，我们将来面对的职业环境不会仅仅像一条只需要机械操作的生产线那样简单。在我们的专业工作中，会产生各种各样的新情况，会遇到各种各样的困难和挑战，要求我们加以解决。问题解决能力在我们当今的知识经济社会中愈益重要。问题解决能力越强的人，越容易在不断变化、发展的工作世界中立于不败之地。

专业问题解决能力的具体表现有：能否及时发现问题，恰当地界定问题；能否运用专业知识和技能分析问题，提出解决方案；能否恰当地选择解决方案并投入行动；能否在解决问题的行动过程中及时评估和调整解决方案，最终达到问题解决的最佳效果。专业能力是提升业绩的制高点。

搜索与目标职业相关的专业能力，并为每一项专业能力进行打分，在找出差距的基础上列出专业能力的提升计划。

_____
_____
_____
_____
_____

第二节　目标职业与通用能力

一、什么是通用能力？

通用能力又称为"软能力""关键能力""职业核心能力"，包括职业沟通、团队合作、解决问题、自我管理、信息处理、创业等内容空，是人们就业、再就业和职业生涯发展所必备的能力。通用能力是衡量高校毕业生竞争力的重要标志。

通用能力可以随个体工作变化被迁移到新的工作中，任何职业可用，且不可缺少。而专业能力则受工作性质的限制，适用于特定岗位，可迁移性小。通用能力具有整体性、相关性（各种技能相互依赖、相互牵连并且相互影响、相互促进）、迁移渗透性、动态性（发展规律，"活到老，学到老"）等特征。正因为如此，通用能力是实现目标职业的重要保障，更是个人职业生涯发展、家庭生活幸福、社会关系和谐的促进剂。

当今社会，知识技术更新瞬息万变。仅仅了解自身具备的技能是不够的，还需要了解这些技能可以在什么样的职业中得到应用，以及自己的目标职业在技能和能力方面有什么样的新要求，以便及时充实自己的知识储备，掌握该领域内的新技术，发展个人职业能力。正所谓"知己知彼，百战不殆"。要了解具体职业技能和能力的要求可通过以下途径和方法：

（1）参考相关网站，如知遇网等。

（2）生涯人物访谈。即向实际从事某一职业的人了解该职业的技能要求，通常，用这种方法可以比较详细、具体地了解特定职业的要求，有效地帮助个人在进入某一行业前做好相应的准备。

（3）根据职业对通用能力的要求，培养和发展个人职业能力。只有当明确目标职业需要一些什么样的能力时，才能未雨绸缪，通过校内外的实践活动和各种课程来培养相应的能力，从而增强自身的就业竞争力。

二、如何提升通用能力

下面将从时间管理能力、人际交往与沟通能力等方面探讨提升大学生通用能力的途径和技巧。

（一）发展时间管理能力

时间对每个人都是公平的，同时也是不可再生的。时光是宝贵的，也是唯一的。所以，学会把握时间，树立强烈的时间观念，养成良好的学习和生活习惯对于管理自己的大学生活，规划自己的学业生涯和未来有着至关重要的作用。

如何合理地分配自己的大学时间，使大学生活有序并有趣，应注意以下问题。

1. 树立时间管理意识

树立时间管理意识是管理好时间的前提。人的行为包括欲望、目标、行动和持之以恒的毅力是由意识来支配的，有强烈的时间管理欲望是大学生有效时间管理的关键，只有在欲望的驱使下才能制订出有效的目标并为之付出行动，欲望的强化是持续做好时间管理的保障。树立正确的价值观，明确什么事对自己最重要，就能合理分配时间，从而提高效率，充分利用时间。

2. 改变对时间的态度

俗话说：时间就是金钱。其实时间比金钱更重要，因为有效地管理时间不仅可以提高生活质量，还可以帮助我们实现理想、塑造形象、提升自我价值、实现自我管理等。万万不可有"得过且过""混日子"等不良心态，否则到头来只能是"白了少年头，空悲切"。

3. 列出时间清单，设定优先顺序

时间对于每个人都是公平的，合理地分配与使用时间是一个人获取成功的关键。每个人每天都有非常多的事情要做，仅靠脑子的记忆，很难保证不会遗漏某些重要的事情。把自己每天要做的事情都写下来，根据80/20原理（在日常工作中，有20%的事情可以决定80%的成果），必须将没有头绪的一堆事情根据其紧急与重要程度分为紧急、不紧急以及重要、不重要四大类，然后有重点地处理。按照紧急且重要的事先办，重要但不紧急的事后办，不重要也不紧急的事缓办的顺序和方法处理，这样处理事务便会有条不紊、应对自如，不会被烦琐的事务搞得焦头烂额。时间清单有助于我们设定目标，进行长期的时间管理。

4. 严格规定"完成期限"，安排"不被干扰"的时间

生活中，往往有很多事情因为纷繁的环境和外界的干扰，总是不能有效地、迅速地完成，那么，就要善于给自己安排出"不被干扰"的时间。有时如果有一个小时完全不受任何人干扰，可以安静地思考和做事，那么，这一个小时的工作成效甚至可以抵得上一整天的工作成果。

（二）如何培养人际交往能力

"沟通"是我们进行人际交往的最基本方式。人际沟通的能力就是能够把自己的想法、意见传达给别人，让别人充分理解自己的想法与意见，也能够接受并充分理解别人的想法和意见。

1. 人际交往的重要性

人际沟通有四大要素——目的、时机、对象和方法。锻炼自己的人际沟通能力就可以从这四个方面着手。在与人沟通时，先问一问自己：我知道自己要沟通的是什么吗？如果沟通的目的不明确，自然也就谈不上沟通的效果，甚至也许反而招致误解。现在是沟通的合适时机吗？如果对方正在忙碌之中，或是为别的事情烦躁的时候，你的沟通举动很可能是不合时宜的，很难达到沟通效果。他是我要找的沟通对象吗？如果选错了沟通对象，所有的努力都是徒劳的。我该采取什么方式与他进行沟通呢？如果没有掌握合适的沟通方法，也不一定能够达到沟通的效果。必须要考虑对方的背景、文化、年龄、喜好、情绪状态等，采取他比较容易接受的方式，才能使沟通效果最大化。

沟通能力是职场人士一项非常重要的基本素质。能否与上级领导、下属、同事、客户进行有效沟通，直接决定了你的工作效率。这种沟通不仅是语言上的沟通，也包括倾听能力、文字表达能力、交谈能力和演讲能力。不能把你的思想与人沟通，等于你没有思想。并且，不仅要沟通，而且要有效沟通。

2. 人际交往的原则

（1）平等相爱原则。人际交往首先要坚持平等相爱的原则，无论职务高低、贫穷富贵，在交往中都应平等相待。

（2）互利互惠的原则。人际交往是一种双向行为，故有"来而不往非礼也"之说，只有单方获得好处的人际交往是不能长久的，所以要双方都受益，不仅是物质的，还有精神的。所以交往双方都要讲付出和奉献。

（3）真诚原则。以诚相待是人际交往得以延伸和深化的保证。在相互尊重、相互支持、相互接纳的前提下，才能使交往关系巩固和发展。

（4）重诺守信原则。交往离不开信用。诚信守诺才能取得别人的信赖，才能使别人愿意与你交往。

（5）宽容大度原则。宽容大度原则指要在心理上容纳他人，与他人建立融洽的关系，与人相处应容纳、包涵、宽容、忍让；主动与人交往、广交朋友、交好朋友，不但要结交与自己性格相似的人，还要结交与自己性格不同的人，求同存异、互学互补，处理好竞争与相容的关系。

（6）尊重原则。尊重包括自尊和尊重他人两个方面。自尊就是在各种场合都要自

重自爱，维护自己的人格，不卑不亢；尊重他人就是要重视他人的人格，尊重他人的习惯。在人际交往中互相尊重，才能保证交往的成功。

3. 大学生人际交往的基本技能

(1) 积极的心理暗示。生活中不难发现，有的人身上仿佛有一种魔力，周围人都乐于聚在他的身边，这类人往往能在短时间内结识许多人。心理学研究表明，这类人大都具有良性的自我表象和自我认识："我是一个受人欢迎的人，我喜欢与人交往。"这样的心态会使人以开放的方式走向人群，他们心地坦然，很少有先入为主的心理防御，因而言谈举止轻松自在，挥洒自如。在这种人面前，很少有人会感到紧张或不自在，即使一些防御心理较强的人也会受其感染而变得轻松、开放起来。

(2) 主动而热情地待人。心理学家发现，热情是最能打动人、对人最具吸引力的特质之一。一个充满热情的人很容易把自己的良性情绪传染给别人。要热情待人须从心里对他人感兴趣，真心喜欢他人。"对别人不感兴趣的人，他的一生中困难最多，对别人的伤害也最大。所有人类的失败都出自于这种人。""只要你对别人真心感兴趣，在两个月之内你所得到的朋友，就会比一个要别人对他感兴趣的人在两年内所交的朋友还要多。"实践表明，人们更容易喜欢那些对自己感兴趣的人。

(3) 把每个人都看成重要人物。自我尊严得以维护，自我价值得到承认，这是许多人最强烈的心理欲求。只有在交往中注意到这一点，才能应对自如。在交往中，应注意，让他人保住面子。如果一个人习惯于通过挑别人的毛病和漏洞来显示自己的聪明，那将是最愚蠢的，必将为此付出高昂的代价。人人都有毛病和缺点，所以找起来并不难。但被人暴露自己的缺点，是许多人所反感的，因为这威胁到了他的自尊。

(4) 学会赞美：

1) 发现别人的优点。不要试图通过争论使他人发生改变。同学之间常常争论，若是为探讨问题，这是有益的，但试图以此改变对方，往往会适得其反。要发现和赞赏别人的优点。每个人都有其不足，每个人也都有其所长。在生活中，最为人渴望而又不用花钱费力的就是给予别人赞赏。赞赏必须发自肺腑，否则就成了恭维。而发自肺腑的赞赏需要一颗充满自信的爱心，需要一种不断向他人学习、完善自我的胸怀。

2) 自我表露。真正可以深入下去的交谈必然是双向的，因而自我表露是另一项应该掌握的技能，即自信地袒露关于自己的信息——怎样想、有什么感受、对他人的自发信息如何反应等。自我表露需要把握好时机，否则就可能滔滔不绝、只顾自己，这是一大忌。一般而言，谈自己的一种合适时机是有人邀请你谈谈自己的时候。这时，如果你能适度地展开自己会引起大家的兴趣好感。另一种合适时机是当他人谈的情况和感受与你自己比较一致时，即"我也……"的技巧，人们总是喜欢那些经历和看法与自己一致的人，因为赞成自己的人实际上是在肯定我们的价值和自信。所以，"我也一样""我也喜欢这个""我有过和你同样的经历"之类的表白往往能激发对方积极的反应，使谈话气氛活跃起来。

(5) 批评的艺术：

1) 批评应注意场合。批评要想奏效，必须尽量减少对方的防卫心理。如果在大庭广众之下批评别人，对方很可能首先意识到自己的形象和自尊受损而不是自己所犯的错误。因此，他会马上以敌视的态度来反击你以保护受到威胁的自尊心。这样，你的批评除了增加对方的反感和抵触外，不会有任何效果。所以，批评应尽量在只有你们俩在场的情况下进行。

2）从赞扬和诚心的感谢入手。在此之前，我们已深知赞扬和感谢的作用，它可以提高对方的自信和自尊，从而在感情上接纳我们。在这种背景下，我们诚恳地提出批评，对方往往更容易接受。

3）批评对事不对人。比起一些具体的言行，人们对自身的人格能力等看得更重。如果你的批评含有贬低其能力、人品的意味，便容易激怒对方。如果你在肯定其能力、人品的前提下指出其某一个具体言行上的错误，他（她）往往容易接受，如"按你的能力，这件事本来可以做得要好些""依你的为人，不该说出这种伤人的话。"

课后练习

1. 搜索与目标职业相关的专业知识技能和通用技能，并为每一项专业知识技能和通用技能进行打分，在找出差距的基础上列出专业技能和通用技能的提升计划。

2. 在过往的经验中，什么时候你对自己的时间管理能力比较满意？那时你是怎么做到的？请列出关于"时间管理"的有效策略。

3. 请尝试找出自己和室友的十个优点，并用某种方式告诉他们，写出做这个活动的心理感受，进一步理解沟通的基本要素。

第五章 职业适应能力提升

第一节 大学生的角色转换

大学生初入职场,要清楚学校与职场的差别性,你已经不再是学生,而是职场人;你不再被学校保护,而是要独立面对问题;周围的环境中不再有同学和老师,而是性格迥异、形形色色的人。只有在职场上体验之后,才能去除"职场胎衣",让自己蜕变至成熟之身。

一、学生角色和职业角色

(一)学生角色和职业角色的概念

1. 学生角色

大学期间,学生的主要职责是学习各种专业知识,掌握各种生存技能,发展智力、求学成才是关键任务。由于这一时期主要还是以学习为主,生活重点也主要局限于校园环境,因而绝大多数学生还没有独立的经济能力,经济来源主要依托于家庭。学生角色的主要任务是能够主动地完成学习任务,处理好学校、班级和课堂中的人际关系,体现个人价值并在学校集体中赢得相应的社会地位。

2. 职业角色

职业角色最主要的社会职责就是在自己的职业岗位上发展专业知识和能力,为社会服务并获取自我的物质价值和精神价值。与学生角色相比,职业角色更具有个人色彩,承担更多的社会责任。在经济方面,进入职业角色意味着经济的独立,没

微课视频

积极倾听的三个注意点

有理由再依赖家庭和他人的帮助，这也是职业角色比学生角色更加具有功利性的重要原因之一。在人际关系上，职业角色要承担更为复杂的人际交往，对生存的能力提出了更高的要求。

(二) 学生角色和职场角色的区别

1．环境差别

对大多数学生而言，学校是一个优雅、宁静、单纯的乐园，他们在这里过着简单而快乐的生活，许多人甚至是单调的"三点一线"模式，对社会知之甚少，乐观单纯，涉世未深。而且在学校上课，生活更多的是集体方式，个人虽有自由，但独立性、个体性的能力相对比较差。而一旦走向社会，真正参加工作，他们每个人将面对各式各样的环境、条件和人群，生疏、孤单、甚至恐惧一开始就会扑面而来，使他们无所适从，茫然不知所措。只有随着时间的推移，才能慢慢地转变和适应。

2．目标差别

由学校的"一切为了学生"变为职场的"一切为了效益"。学校追求的是"一切为了学生，为了学生一切，为了一切学生"，学生是学校的中心和服务的对象。学校的目标是培养人才，学生在学校更倾向于学知识。而职场是一切为了效益，目标首先是生存，是盈利，然后才是培养人，职员在职场更倾向于学做人。谁能创造出高效益，谁就会受到青睐，反之则会被淘汰。同一个人由服务对象变为生产者，职场里所需要的职位，从技术开发到行政文秘，从生产管理到公关销售，从市场营销到质检物流等等，都是运用知识的过程。

3．角色区别

从学生到员工或者干部，是一个跨度很大的角色转换，对于刚刚参加工作的大学生而言，需要费很大的力气才能完成。因为学生时期主要是接受各种知识，接受教育和管理，总体上处于被动和接受的角色。而一旦工作，就可能成为不同类型的教育者、管理者和指挥者。教育和被教育、管理和被管理、指挥和被指挥，这种角色换位包括责任担当还是有很大差别的。如学生做错了事情主要是教育和原谅，员工错了主要是惩戒和处罚，这就要求刚工作的大学生，从心理到身份对自己做一个全面的调整和转变，知道自己不再是天真活泼的大学生，而应该成为一个可以独立工作、思维严谨有相当责任的员工。

4．管理制度差别

由"以生为本"的管理制度转向"顾客是上帝"的管理制度。高校有办学自主权，有其对于学生的管理制度，基本指导思想都是"育人为本，德育为先"，而育人的对象——学生则成为高校管理制度中的根本。高校在培养人才过程中大多讲求人本关怀的人文精神。老师对学生负责，细心解说；同学友爱互助，彼此了解。上课成效凭借个人主动，偶尔迟到或者上课睡觉，老师也会给予善意的提醒，不少同学都是平时不学习、考前抱佛脚，相对来说没有非常严格的处罚方式。而工作后企业里通常采用打卡等方式考勤，准点准时，按规定扣工资，制度宣布在先，管理相对严格。

二、角色转换的具体内容

(一) 对立面的转换

当职业生涯不断变化时，角色也会随之发生变化，大学生告别校园，走上工作岗位，意味着他们已经脱离各方面的监护，开始独立自主地生活，因此会出现一些变化。

1. 从"需求"到"给予"

大学生要转换成职业人，必须学会"给予"，将索取的心态变成贡献，这是成为职业人关键。从企业的角度来说，企业对人的判断有两个要求：一个是潜力，看你未来的发展空间；另一个是贡献，你的加入给企业带来了什么样的价值？

2. 从"随便犯错"到"不能犯错"

毕业生从校园走上社会成为职业人，如果工作发生失误，会造成重大经济损失；如果与同事关系不好，会被组织认为没有团队合作的精神；如果经常迟到旷工，随时就是被开除的可能。作为职业人，必须按照职业人的要求约束自己。

3. 从"学习别人"到"自我成长"

在大学或者以前的学习生涯中，我们都有家长的引导，他们教给我们知识，我们只需要认真学习就可以达到作为学生的目的。但现在我们作为职业人，没有人告诉我们应该如何做，我们需要不断地学习、找到自己的差距和努力的方向，做到自我成长。

(二) 角色转变的过程

1. 准毕业生向实习生的角色转换

准毕业生就是即将毕业的学生，通常会在毕业前夕获得一定的实习工作机会。对于学生来说，通过实习可以将自己所掌握的理论知识运用于工作和生活实际，提高他们在理论知识的指导下观察、分析和解决问题的实际工作能力，也可以进一步了解和熟悉工作实际，与社会分工和职场文化亲密接触。实习是学生从课堂走向社会的第一步，也是学生展示自己的能力和才华的舞台。在该阶段，学生可以初步完成从理想到现实的心理转换和从学生到职员的角色转换。

2. 毕业生向职场新人的角色转变

毕业生在进入工作岗位的初期，通常会有见习或试用的时间。相对于今后长久的职业生涯来说，试用期所占有的分量并不大，但这一阶段在很大程度上决定着未来的职业生涯能否顺利。心理学的首因效应说明，人进入新环境所塑造的第一印象是非常重要的，会影响到今后整体形象的印象形成。大学学习的课程更多的偏重基础知识和普通技能，在进入职场后面对真正的职场文化和职场规则很多时候就会觉得手足无措。试用期事实上就是一个学习和熟悉阶段，这其中最紧迫的就是职业学习，学习如何熟练运用职场技能及时对新职业进行充电，尽快实现毕业生向职场新人的角色转变。

3. 职场新人到真正职场人的角色转变

在经历过试用期后，职场新人开始向真正职场人转变，职场新人真正蜕变为职场人的时间可长可短，要视个体素质能力以及心态准备情况而定。个人职业生涯的顶峰往往在中年后期才会出现，前期大量时间都是在不断积累个人的人脉等资源中，需要多年在职场上打拼的经验。但是，在经历过职场新人这个适应阶段后，越早对个人职业做出清晰定位，越有利于目标明确地迈向职场发展方向，成长为一名真正的职场人。因此职场人的成长过程中也要明确自己所在的岗位和责任，使自己尽快独当一面，成长为优秀的职场人才。

第二节 职业适应

一、如何应对职业适应问题

社会与学校相比，生活环境、工作条件、人际关系都有着很大的变化，这些变化要求毕业生迈入职场后，必须锻炼自己各方面的能力，过程中会出现许多挫折，难免使毕业生产生心理反差和强烈的冲突，在进入职场打拼的过程中会存在许多的不适应。这时，心理上的适应能力是第一位的，要懂得自己平衡心理，努力克服自身的缺点，克服心理障碍，抱有一颗平常心，获得平静心态。

（一）以合理自我评价为基础，增强认同感

首先，应适时进行自我评价，对自己的职业发展状况与职业生涯规划进行评价，制定并及时更改规划目标，以调整行为适应环境。例如邀请员工从多个角度对自我的职业生涯规划与管理进行评价：请员工们撰写自传，通过写自传的方式了解和反思自己在生活中发生的事情、工作的变化以及未来的计划等。当学子们完成从"校园人"到"职业人"的转变之后，应结合实际对个人进行正确的定位，即结合自身的专业知识及能力为自己职业生涯确定个人奋斗目标。有了目标，就有了努力的方向和动力，更重要的是能真正了解自己和职业的匹配度，为自己筹划未来，悦纳自我，认同职业。

（二）以适当调节心理预期为手段，树立自信心

应该高度保持个人自信，适当调节心理预期。很多新人在进入工作单位后，用学生的眼光看待工作单位，接受不了工作"规矩"，对单位感到不满。其实，每个工作单位都有优势和劣势，工作中往往会遇到各式各样的困难，无论何时何地，从事何种职业，都不应该消沉或放弃。只有放弃的人，没有失败的人。凡事都有循序渐进的过程，多给自己积极暗示，学会耐得住寂寞，多听、多看、多学。在结合个人的职业发展目标基础上，给自己设定稍高又不过高的心理预期，既能保证工作热情，又能提高自我信心。因此，每个人树立"天生我材必有用"的信念，在心中坚守自己最初的梦想，在保持良好心理预期的基础上，不断调整心态，沿着梦想道路不断学习、不断进步，抓住机会展现才能，才会真正获得人生成功。

（三）以保持良好心态为目的，塑造平常心

职场新人在转换社会角色的过程中需要时刻保持谦虚的心态：虚心、耐心、热心、诚心。很多时候，理想与现实之间的差距会增加内心的失落感，感到事情的发展已经超出了自己的控制。可是，面对这样的问题，最重要的就是保持上进心和良好的心情，既不能自负，也不能气馁。初入职场，要放低姿态，从基础工作做起，不断积累工作经验。对于新人来说，在职场的每一种经历都是很好的学习机会，有助于自己的成长。

（四）以正确面对挫折为契机，学会逆境成才

对于每一位初入职场的大学生来说，都承受着来自各方面的压力，适当的压力会成为督促进步的原动力。但是，当压力过度而又无法正确处理时则会容易出现各种情绪问题，容易带来巨大的挫败感。因此，当毕业生在踏入职场后出现各方面的不适应时，应当采取措施释放压力，正确面对挫折。在遭遇低谷时更要有乐观向上的心态，对于刚刚毕业的大学生来说，只有经历了波折与风浪，才能更坚强地面对今后职业生涯，争取更好的发展。

二、如何适应工作环境

（一）培养独立生活的能力

调整自己的生活作息。如果单位不提供住宿，可以租一个离自己单位尽量近的地方，以节约时间成本，如果租金实在太高，可以与同事或朋友合租以减轻负担；早上定个闹钟，按时起床，如果允许的话在上班路上可以带本书利用时间充电；工作途中抽时间舒展身体，简单进行办公室运动，可以保证身体健康；周末或休息的时候可以约同事朋友打球等，一方面可以加强交流增进感情，另一方面可以使身体得到锻炼。

（二）脚踏实地地工作

大学生富有朝气，有目标有理想，有创造力、想象力。在入职后要注意不要眼高手低，必须一步一个脚印，脚踏实地，努力工作，认真负责地做好每一项工作，只有做好自己的本职工作，不断累积才干，增长知识，才能积蓄实务，逐渐实现自己目标和理想。

（三）学习他人的长处

人无完人，每个人都有自己的长处和短处。大学生到新单位，要努力发挥自己的才能，也要虚心学习他人的长处，取长补短，完善自己；要乐于帮助别人，在别人身上学到自己没有的知识；也要谦虚谨慎，在尊重别人的同时得到大家认可和尊重，为自己建立良好的群众基础和宽松和谐的工作环境，这样做自己才能身心愉悦地不断发展并取得成功。

三、培养良好人际交往能力

走上工作岗位后，人际交往能力的发挥是适应环境的关键。毕业生刚步入社会都发现，在职场这个大环境中，往往并不是简单地做好自己就足够，学会与周围的人相互沟通与交流，要比单打独干更有帮助。作为一个社会人，每一个个体都不是完全独立封闭的，每时每刻都有机会与他人接触、相处，事实上，人与人之间的关系虽然复杂，但能把握一定的为人处世原则，人际关系也可以变得简单。

（一）注重第一印象，建立良好的人际关系

良好的个人形象是人际交往的重要资本。大学毕业生初到工作岗位上时，应事先了解如何给他人留下良好的第一印象。作为职场新人，首先，要注意自己的外表和体态语言，穿着要符合自己的职业身份和个性特点，举止要成熟、稳重、大方，懂得相应的职场礼仪。例如，经常保持微笑，见到对方及时问好，在正式场合适当进行颜面修饰。其次，要结合个人的性格和气质，扬长避短，尽可能地展现自己的优点，在与他

人的交往中表现出最优的自我形象，给人留下良好印象。

（二）加强归属感，形成团队意识

团队意识对于当今社会是非常重要的，初入社会的毕业生要培养归属感，就要了解社会和周围人群的特点，了解角色规范，观察和了解他人对事物的评价，从而学会担任相应角色。首先，你要认识到你的团队成员之间不同个体是有差异的；其次，了解领导和同事对你有着不同的期望，应围绕团队的发展方向和个人目标去调整个人行为；再次，要树立"助人自助"的观念，"三人行，必有我师"，帮助别人最后就是帮助自己，善于互相学习才能达到共同发展；最后，要赢得领导和同事的信任，得到大家的支持和帮助，应该从小事做起，从本岗位做起，从点滴细节加强个体的归属感，营造良好团队氛围。

（三）主动沟通，创造良好的人际关系

人际关系处理的良方就是提高沟通的主动性。与人沟通时，要本着实事求是、诚心待人的态度，克制感情，冷静处理。在与领导沟通时，要尽可能了解领导的特点、工作方式和习惯，认真领会意图，努力发挥个人专长，给领导留下好印象；在与同事沟通时，要恰当地表达个人的见解和建议，按岗位规范的要求约束自己，踏踏实实工作，赢得领导和同事们的信任和理解；在工作中出现错误时，应主动承担责任，平时则多观察他人的工作方法、学习他人的经验，弥补自己的不足。以谦虚学习的心态与他人进行沟通交流，有助于增进彼此的了解，增进人际关系，能让自己更好地适应工作环境。

第六章 就业市场与就业的程序和途径

微课视频
考公务员岗位比较多的十大专业

第一节 就业市场概述

一、什么是就业市场双向选择就业

就业市场是由人力资源供给、人力资源需求和供需双方交换三个方面构成的。通过就业市场的调节作用实现毕业生资源的合理配置已成为毕业生选择就业的主要形式。市场双向选择就业主要指通过招聘会形式，用人单位和毕业生双向选择实现就业的一种途径。国家、省、市、高校等每年都举办毕业生就业招聘会，为用人单位、毕业生构建可靠、安全的双向选择洽谈平台，促进双方通过洽谈会达成就业意向或者签订就业协议。高校毕业生校园市场和省、市就业市场是毕业生求职择业最终实现就业的主渠道。

二、什么是高校毕业生就业市场

高校毕业生就业市场是运用市场运行机制配置高校毕业生人力资源，为毕业生和用人单位提供政策咨询、就业指导、供需见面、创业培训等就业综合服务的专业化市场，是高校毕业生求职择业和用人单位招聘、选录人才的场所，是毕业生求职择业中所涉及的各种社会关系的总和。高校毕业生就业市场的基础是各高校举办的校园内经常性就业市场和主管部门常设的公益性、示范性的省、市级高校毕业生就业市场。主要为用人单位和应届高校毕业生（包括择业期 2 年内毕业生）招聘和求职提供服务。高校毕业生就业市场按其外在表现形式可分为有形市场和无形市场。有形市场是指有明确、固定的场所、具体的时间和地点、特定的参加对象的开放性市场。无形市场主要指毕业生与用人单位双方的信息交流不受特定的时间、地点、场所限制，采取网上招聘。目前，无形市场的主要载体是以计算机网络平台为依托的各种毕业生就业信息网络系统。

三、毕业生就业市场的主要特征

（一）公益性

毕业生就业市场以促进毕业生就业创业为宗旨，构建毕业生、用人单位之间安全、可靠的平台，免费为高校毕业生就业创业提供快捷、有效、全面、高质量的服务。

（二）市场主体的特殊性

在毕业生就业市场的举办过程中，学校是基础，政府为主导，市场起调节作用。毕业生就业市场的组织主体是政府主管部门和高等学校。市场的就业主体是高等院校毕业生。由于就业主体都是大学毕业生或研究生毕业生，学历层次差别不大，年龄也较集中，在择业、就业的过程中竞争会更加激烈。

（三）时效性

我国现行的大学生就业政策规定，应届高校毕业生就业必须在有限的时间内完成。每年全国几百万应届高校毕业生毕业，一般要求他们在半年内落实工作单位，现在择业期虽然延长为两年，但是时间仍相对集中。各级主管就业部门对每年的毕业生就业市场的运行日程，都有一个大致的安排，从用人单位到高校招聘到毕业生落实就业单位、签约，以及未能落实或重新落实单位等都有具体的时间规定。如果毕业生在两年内不能落实就业单位，就要离开这一市场而转到其他就业市场择业或待业。

（四）区域性

毕业生就业市场的主办者多以各省市教育部门、高校或行业主管部门为主体，不论谁举办，这些就业市场的用人主体一般都是以本地区用人单位为主，同时也是针对本地区的高校毕业生服务的，表现出较强的区域性。

（五）集中性

我国每年都有几百万名大学生集中进入社会就业，从人数到时间，都有集中性的特点。毕业生就业市场年年举办，成行成市。用人单位和毕业生在一个相对固定的时间和场所集中招聘或应聘，特别是校际间或校园内举办的供需双选会，更具有集中性。

第二节 就 业 程 序

就业程序是指管理部门的工作程序，毕业生就业计划的制订过程和用人单位的招聘程序，也包括毕业生求职择业的过程。了解就业程序，可以帮助毕业生顺利就业。

一、就业管理部门的工作程序

大学生就业管理机构大致由三部分组成。我国大学生就业工作的最高管理部门是中华人民共和国教育部，负责制定全国毕业生就业的相关政策；各省、自治区，直辖市和中央有关部委根据文件精神制定本地区、本部门所属高校毕业生就业工作的具体意见，并组织各级各类的毕业生就业市场。

（1）教育部及各地区在每年10月左右，向社会上的用人单位提供下一年毕业生资源情况，包括毕业生所在学校、所学专业，来源地区和毕业生人数等。

（2）各地区、各部门和各高校在每年11月下旬至次年3月，采取各种形式，召开毕业生"供需见面、双向选择"会或者开放毕业生就业常设市场和网上市场，进行招聘活动，为毕业生求职择业提供方便。

（3）省级毕业生就业主管部门负责毕业生源信息的审核和毕业生报到证的签发、调整和接收工作。

（4）毕业生就业派遣工作结束后，省级毕业生就业主管部门对当地毕业生就业情况进行总结，并上报教育部。教育部汇总全国毕业生就业方案和毕业生情况上报国务院。

二、高校毕业生择业与就业工作基本程序

（一）省级毕业生就业工作主管部门的一般工作程序

（1）总结当年毕业生就业状况、制定毕业生就业政策、确定年度就业工作实施意见及日程安排。

（2）对各高校毕业生资格进行审查、统计、汇总和向社会公布毕业生资源信息。

（3）省级毕业生就业工作主管部门、高等学校对应届毕业生进行就业指导与教育。

（4）组织招聘活动。每年，各级就业工作主管部门将通过高校毕业生市场，采取多种形式举办招聘活动，为毕业生求职择业创造条件、提供服务。毕业生通过与用人单位洽谈，双方意见一致后，签订《全国普通高等学校毕业生就业协议书》，然后由毕业生交学校毕业生就业主管部门审核。

（5）制定毕业生就业方案。学校将毕业生与用人单位签订生效的就业协议书（或学生已经落实就业单位的有关证明）作为已经落实的就业建议方案，在规定时间内上报。

（6）毕业生就业派遣工作。每年6月下旬至7月中旬由省级毕业生就业工作主管部门按照毕业生就业方案集中办理省内各高校毕业生就业报到证和有关派遣手续。一般从6月下旬开始根据就业方案为毕业生办理离校手续。

（7）毕业生报到与接收。已落实就业单位的毕业生，在规定时限内持全国普通高等学校本、专科毕业生就业报到证或全国普通高校毕业研究生就业报到证到工作单位报到，用人单位凭就业报到证并按当地有关要求和规定办理接收手续和户口关系。

（8）回家庭所在地二次就业的毕业生继续通过人力资源市场落实就业单位。在此期间，在本地区找到单位的，由当地就业主管部门办理派遣手续；如果在生源地之外地区找到就业单位的，经生源地区毕业生就业主管部门签署意见后仍可经毕业院校所在地区的省级毕业生就业主管部门办理改派手续。

(二) 用人单位招聘、录用毕业生工作程序

(1) 用人单位确定当年需要毕业生的岗位、人数和条件，根据要求制定详尽的招聘计划，并按毕业生就业主管部门要求进行需求信息登记。

(2) 向毕业生发布需求信息。主要渠道有：主管高校毕业生就业的政府部门；各级人才中心；高等学校主管毕业生就业的部门（如学生处、就业指导中心、毕业办等）；用人单位自己的网站和专业性就业网站（如高校毕业生就业信息网、中华英才网）；电视、报纸、广播等新闻媒体。

(3) 进入校园招聘。有的单位直接到高校举办专场招聘会，介绍单位的发展建设情况、人才需求情况及发展机遇、用人制度及有关具体招聘事宜，也有的单位通过参加高校举办的各种形式的校园招聘活动与毕业生进行更直接的洽谈以及签订就业协议。

(4) 搜集毕业生信息。主要渠道有：从省、市毕业生就业主管部门和高校就业工作部门获取毕业生信息；参加供需洽谈会，搜集毕业生信息；通过网站搜集毕业生信息；通过学生的自荐获取毕业生信息；通过报纸、杂志上毕业生所登的"求职广告"搜集毕业生信息等。

(5) 分析毕业生信息资料，对毕业生进行初选，并进一步组织考试、考核（笔试、面试），确定录用毕业生名单，与达成意向的毕业生签订就业协议。

(6) 接收报到的毕业生，办理户口和档案接收手续，组织毕业生入职培训，安排职业岗位。

(三) 高等学校就业工作的基本程序

高等学校在毕业生择业、就业过程中担负着管理、服务、指导、监督、执行等工作职责。具体工作职责包括：向毕业生宣传国家和地方政府有关就业政策，在实际工作中贯彻落实各项政策和规定；进行毕业生资格审查；发放就业协议；指导毕业生签订就业协议；举办毕业生招聘活动；制定学校就业方案并按规定上报省级毕业生就业主管部门；毕业生派遣离校；寄送毕业生档案；择业期内毕业生调整改派。

(四) 毕业生自身的求职择业程序

毕业生求职择业程序可分为准备阶段、求职择业阶段和落实工作单位三个阶段。

1. 准备阶段

(1) 了解国家和省、市有关毕业生就业政策。

(2) 全面搜集、掌握需求信息，对用人单位的行业发展和单位状况全面了解，确定择业目标。

(3) 客观、理智地进行自我分析，对个人的性格、气质、兴趣、爱好、特长、能力水平、专业知识、职业理想及职业价值观等有准确的认识。

(4) 确定择业目标。准确定位，确定合理的就业期望值，选择切实可行的择业目标。

(5) 准备自荐材料。自荐材料一般包括：学校推荐表、个人简历、求职信以及相关的辅助证明材料等。

(6) 做好面试准备。

2. 求职择业阶段

毕业生可以通过有选择地参加招聘活动，与用人单位双向选择，或以各种求职方

式将自己的推荐材料提供给用人单位筛选，用人单位经过初选后，会向通过者发出通知，然后进入到下一个考核阶段。

3. 落实工作单位

求职成功后，要与用人单位签订由教育部统一制定的《全国普通高校毕业生就业协议书》（一式三份）。该协议书明确规定了学校、用人单位及毕业生本人三方面的责任、权利与义务。毕业生与用人单位一旦签订协议，并经学校、政府毕业生就业主管部门鉴证审核后，就编入了当年的毕业生就业方案，要在学校规定时间内，到学校领取就业报到证，办理离校手续，按照报到证规定的期限和指定的地点去就业单位报到。

（五）机关单位招聘毕业生程序

我国的机关单位包括各级党政机关、人大、政协、法院、检察院、群众团体机关等。现阶段，这些机关单位在招聘工作人员时基本上都是按照（或参照）公务员的招考办法同期进行。

1. 国家公务员招聘办法

国家公务员一般是指政府机关工作人员，即在各级国家行政或党务机关依法行使行政权、执行国家公务的在职人员（不包括工勤人员）。按照《中华人民共和国公务员法》的有关规定，机关单位公务员的聘用实行凡进必考的录用原则：录用担任主任科员以下及其他相当职务层次的非领导职务公务员，采取公开考试、严格考察、平等竞争、择优录取的办法。民族自治地方依照前款规定录用公务员时，依照法律和有关规定对少数民族报考者予以适当照顾。录用公务员，必须在规定的编制限额内，并有相应的职位空缺。

2. 国家公务员的招考程序

中央机关及其直属机构公务员的录用，由中央公务员主管部门负责组织。地方各级机关公务员的录用，由省级公务员主管部门负责组织，必要时省级公务员主管部门可以授权设区的市级公务员主管部门组织。招录国家公务员的一般程序如下：

（1）招录机关发布招考公告，说明招考的职位、名额、报考资格条件、报考需要提交的申请材料以及其他报考须知事项。

（2）招录机关根据报考资格与条件对报考人员的报考申请和资格进行审查。

（3）对审查合格者公开组织笔试。考试内容根据公务员应当具备的基本能力和不同职位类别分别设置，主要有"行政职业能力测试"和"申论"两个科目。

（4）招录机关对考试合格者进行面试。

（5）招录机关根据笔试、面试的考试成绩确定考察人选，并对其进行报考资格复审、考察和体检。

（6）招录机关根据考试成绩、考察情况和体检结果，提出拟录用人员名单，并予以公示。

（7）公示期满，中央一级招录机关将拟录用人员名单报中央公务员主管部门备案；地方各级招录机关将拟录用人员名单报省级或者设区的市级公务员主管部门审批。

（8）省（直辖市、自治区）和学校毕业生就业主管部门依毕业生与招录机关单位签订的就业协议编制就业方案，按有关规定，办理毕业生派遣手续。

按照法律规定，录用特殊职位的公务员，经省级以上公务员主管部门批准，可以简化程序或者采用其他测评办法。同时，对于新录用的公务员实行一年的试用期。试用期满合格的，予以任职；不合格的，将取消录用。

（六）事业单位招聘毕业生的程序

事业单位，一般是国家在政府机构之外设置的带有一定公益性质的机构，以增进社会福利，满足社会文化、教育、科学、卫生等方面需要，提供各种社会服务为直接目的的社会组织。事业单位是国家机构的分支，是相对于企业单位而言的，不以盈利为目的，通常包括教育、科研、文化艺术、广播电视新闻、医疗卫生、体育、农林水利、综合技术服务和社会福利等单位。事业单位大多是以脑力劳动为主体的知识密集型组织，其主要职能是利用科技文化知识为社会各方面提供服务，因此专业技术人员是事业单位的主要构成人员，此外还有部分的管理人员和工勤人员。

1. 事业单位的招聘办法

按照我国《事业单位公开招聘人员暂行规定》的有关要求，除了参照公务员制度进行管理和转为企业的事业单位外，事业单位招聘专业技术人员、管理人员和工勤人员，主要采取公开招聘的方式，由用人单位根据招聘岗位的任职条件及要求，采取考试、考核的方法进行。考试内容主要是招聘岗位所必需的专业知识、业务能力和工作技能。考试科目与方式根据具体的行业、专业及岗位特点来确定。考试可采取笔试、面试等多种方式。对于应聘工勤岗位的人员，还可根据需要重点进行实际操作能力测试。

2. 事业单位的招聘程序

①制定招聘计划；②发布招聘信息；③受理应聘人员的申请，对资格条件进行审查；④考试、考核；⑤身体检查；⑥根据考试、考核结果，确定拟聘人员；⑦公示招聘结果；⑧签订聘用合同，办理聘用手续。

（七）部队单位招聘毕业生的程序

1. 部队单位的招聘办法

部队单位既包括中国人民解放军的陆军、海军、空军、火箭军和其他技术兵种，也包括为其提供支援、服务的相关单位，还包括武警、消防、边防等多种类别的人民警察部队。部队单位作为一种比较特殊的用人单位，由于其担负着维护国家主权与领土完整、维护世界和平、保卫国家安全、保障社会正常生产与生活秩序的重要职责，因而对应聘者的政治素质要求较高，其招聘毕业生的方式除了通过制定定向招生计划，招收定向到部队就业的国防生之外，主要是校园招聘和政府主管部门组织的招聘活动。

2. 部队单位的招聘程序

（1）确定选拔计划，公布选拔人数与条件。

（2）接受毕业生报名和学校推荐。

（3）确定初选名单并开展考查，包括查阅档案、听取有关人员的介绍、政审等。

（4）确定录用名单，填写"入伍资格审查表"，安排入伍军检。

（5）与考查合格学生签订《全国普通高等学校毕业生就业协议书》，并报总政治部。

(6) 总政治部下达接收毕业生计划，确定其工作岗位。

第三节 用人单位招聘

一、用人单位招聘的形式

目前招聘员工的方式，都有哪些？目前招聘员工的方式有现场招聘、网上招聘、校园招聘、传统媒体广告校企合作、代理招聘。

（一）现场招聘

现场招聘是企业和人才通过第三方提供的场地进行直接面对面对话，完成现场招聘面试的一种方式。现场招聘通常包括招聘会和人才市场。招聘会通常由各政府和人才引进机构发起和组织，相对正式。人才市场与招聘会类似，但招聘会一般为短期集中，场地一般为临时选择的体育馆或大型广场，而人才市场长期分散，位置相对固定。因此，对于一些需要长期招聘的岗位，企业可以选择人才市场的招聘渠道。

（二）校园招聘

校园招聘是许多企业采用的一种招聘渠道，企业张贴海报，召开宣传会，吸引毕业生申请。部分优秀学生可由学校推荐，部分特殊岗位经学校委托培训后，也可由企业直接录用。这些学生没有实际工作经验，需要培训才能真正开始工作。此外，许多学生不清楚自己的定位，因为他们刚刚进入社会，他们的工作流动性可能很大。中国石油天然气集团有限公司、中国东方电气集团有限公司、沈阳机床（集团）有限责任公司等大型企业和苏州工业园区、天津经济技术开发区等区域性人才组织也相继开展了与高校的人才合作。这种方式对专业的需求相对集中，针对性强，毕业生可以对意向中地区或行业的单位直接进行权衡、比较，无需继续观望和等待，因此签约率较高。

（三）网上招聘

东软集团股份有限公司（以下简称"东软集团"）、华为技术有限公司、华晨汽车集团控股有限公司等单位都开通了自己的招聘网站或在公共网站上开通了校园招聘的专用"通道"，以方便大学生在线投递电子简历，并在网上进行初步的筛选。这种方式经济、快捷和方便，大大提高了工作效率，深受供需双方的青睐和欢迎。目前，有些单位只在网上进行简历收集而不接受其他方式的简历投递，因此，毕业生一定要经常关注用人单位的网上招聘动向，及时获取相关信息。

（四）传统媒体广告

在报纸、杂志、电视、广播等载体上发布和播放招聘信息，受众广泛，见效快，流程简单。一般来说，会收到更多的申请材料，这也对企业起到一定的宣传作用。通过该渠道雇佣的人员分布广泛，但高级人才很少使用这种求职方式，因此更适用于招聘公司基层和技术岗位的员工。

（五）校企合作

很多用人单位通过多种方式加强与学校的合作。比如，有的单位在高校设立奖学金、助学金，参与或支持高校的学生活动；有的单位积极参与学校的人才培养过程，反馈人才培养的意见和建议，开展"订单式"培养；还有的与学校开展全面合作，主动为学校提供学生实习与实践机会，招聘实习生，开展面向低年级的提前招聘，组织就业实践、夏令营等活动。比如，辽宁省知名企业东软集团就在省内部分高校开设了"定制班"。毕业生完全可以充分利用学校与单位之间的这些合作平台，加强与单位的接触和了解，为自己未来的就业做好准备。

（六）代理招聘

单位只提出招聘计划与有关要求，具体的招聘过程与操作环节完全委托给专业的服务机构实施与处理，有些单位甚至只需中介机构为其派遣符合一定条件的工作人员，具体的招聘过程和人事关系接收都是由中介机构解决。

二、用人单位进入校园招聘的新变化

（一）进校招聘时间提前

随着用人单位对人才争夺的日益激烈，单位进校招聘的时间不断提前，很多单位在八九月份就已经开始与学校进行联系，有些单位也会在此期间自行组织招聘。从这个特点来看，学生的择业就业准备应尽早完成，以免错过很多稍纵即逝的就业良机。

（二）反复进校园

近几年来，部分单位为更好地选择人才，往往采取在一年内多次进入校园的做法，特别是在研究生入学考试成绩公布之后，落榜的同学又开始找工作，这样就可以有更多的人才选择空间。

（三）考核程序更复杂

主要是考核时间长、步骤多，而且考核的内容涉及方方面面，常常是既要了解学生的学习状况、社会工作经历、实践锻炼等基本情况，还要检验学生对专业知识的掌握程度、对外语的应用能力和综合能力与素质，还有很多单位对学生的个性心理特征和情商等也要进行测评。用人单位的选拔过程越来越规范、系统，而且考核的题目也是五花八门。

第四节 就 业 途 径

一、大学生如何了解就业信息

（1）浏览各类就业信息网站，包括中央有关部门主办的全国性就业信息网站、地方有关部门主办的就业信息网站、各高校就业信息网站及校内 bbs 求职版面、其他专业性就业网站等。

（2）参加各类招聘和双向选择活动，包括国家有关部门、各地、学校、用人单位等相关机构组织的各类现场或网络招聘活动。

（3）参与校企合作实习，包括社会实践、毕业实习等活动。

（4）查阅媒体广告，如报纸、杂志、电台、电视台、视频媒体等。

(5) 他人推荐，如导师、校友、亲友等。
(6) 主动到单位求职自荐等。

二、大学生的就业途径

（一）公务员

公务员为国家公务人员，其就职单位可以从纵向和横向两个维度划分。从纵向看，有国家部委公务员、省直机关公务员、县直机关公务员和乡镇机关公务员。从横向看，以省级机关为例，包括省委、省人大、省政府、省政协、法院、检察院、人民团体和群众团体机关、各民主学员派党等。公务员职业的社会地位比较高，工作稳定，不用担心失业，但工资待遇很少提升且提升幅度不大。

毕业生进入公务员队伍有如下途径：

(1) 国家公务员考试。简称"国考"，是国家统一组织的考试，其招录机关是中央机关及期直属的参公管理事业单位和垂直管理单位，一般在每年的10月下旬发布招录公告。

(2) 地方公务员考试。简称"省考"，由各省自行组织，其招录机关省、市、县、乡四级机关及其直属的参公管理事业单位和垂直管理单位。各省发布招录的时间不一样，如广东、山东、北京、上海、浙江和江苏等地是单独时间招录，其余省份是统一时间招录。一般国考后各省会陆续发布招录广告。

(3) 选调生考试。有中央选调和地方选调，不同的选调方式，招录的机关单位不一样。

如果确定考公务员，就要早做准备。公务员考试内容分笔试和面试。笔试的内容是行政职业能力测验（简称"行测"）和申论，面试一般是结构化面试。

（二）国有企事业单位

国有企事业单位有稳定的收入、良好的福利保障，相对公务员来说考取容易，安全系数高。这些单位注重员工素质，要求员工为人处世遵循一定规则，有些行业工作相对安逸，心理压力相对较低。国企锻炼人，能使人形成良好的就业观。公务员现有人数700万左右，而事业单位人数在4000万以上，每年公务员招录人数约为15万，而事业单位每年招考人数在35万以上，这个数据还不包括教师招考、基层招考等。我国各大国企每年针对应届大学毕业生都设置了一定数量的岗位，并且定期入校园招聘，从机会上讲，选择企事业单位更容易求职成功，而且考试难度要低于公务员招考。

一般来说，国企事业单位的待遇没有外企高，但是在国企干，不会有"玻璃天花板"的问题。如果你确实有能力，成为企业的中层或高层管理人员是完全有可能的，而且会获得一定的事业成就感。

（三）外企、私企

外企、私企优势能够发挥能力，发展空间较大；能够很快学到实用的知识、技能；私企工作不单调，需要一职多能，无形中提高了自己的能力；劳有所得，私企老板会按照你的贡献决定你的待遇，形成良性循环；自由度大，升职、积累经验相对更快，想跳槽也容易。

但在外企、私企工作，面临的挑战相对更大。比如经济不景气的时候，会导致一些外企、私企容易倒闭；有的公司不能保证福利；企业人文环境参差不齐，有些较好，有些极差；竞争相对激烈，工作环境不稳定，跳槽下岗可能性大；有些制度不合理，吃亏也只能忍着。

很多毕业生愿意选择外企、私企，认为私企的门槛较低，外企则很具挑战性，更易积累经验。同时，外企、私企同样有广阔的发展空间，不会束缚才能。但是，私企的素质参差不齐，毕业生缺乏经验，很容易被第一份工作定型，错误的观念和不良的职场习惯会限制发展。

（四）选调生

各级组织部门有计划地从高等院校选调品学兼优的应届大学毕业生到基层工作，作为各级党政领导干部后备人选的主要来源进行重点培养，从中挑选出优秀分子，逐级补充到各级党政领导干部队伍中去。属于公务员编制，服务期在两年以内。

选调生除符合一般国家公务员的报名条件外，还要求政治素质好、有志于从事党政工作并有发展潜力。主要选调本科生、研究生中的党员、优秀学生干部和三好学生。考试内容各地不同，一般有笔试和面试。

（五）"三支一扶"

"三支一扶"是指大学生在毕业后到农村基层从事支农、支教、支医和扶贫工作，一般服务期为两年。报考生须为全日制普通高校专科以上学历的应届毕业生，重点是本科生、研究生，大多须为本地生源。报考支教、支医项目的大学生，有专业限制和教师资格证的要求。考试题目各省不一，主要有公共基础知识测试（大学思想政治、时事政治、法律常识、计算机应用知识）、综合能力测试（思想政治）、综合知识测评等。

（六）西部计划

"大学生志愿服务西部计划"是由共青团中央、教育部、组织部门、人事部门于2003年共同组织实施的，每年招募一定数量的普通高校应届毕业生，以志愿服务的方式到西部贫困县的乡镇从事为期1～2年的教育、卫生、农技、扶贫以及青年中心建设和管理等方面的工作。根据中央关于统筹四项目人员的政策规定，对西部志愿者，无论属于中央计划还是省内计划人员，统一执行两年的服务期。

（七）大学生村官

大学生村官是指到农村担任村党支部书记、村委会主任助理或其他村"两委"职务的具有大专以上学历的应届或往届大学毕业生。文件规定大学生村官服务满两年即可报考定向服务期满四项目人员的岗位。服务期为三年，全日制普通高校专科以上学历的应届毕业生，重点是本科生、研究生，原则上为党员，非中共党员的部分优秀学生干部也可选聘。考试科目一般为行政职业能力测试、申论、公共基础知识等。

（八）特岗计划

特岗计划即"农村义务教育阶段学校教师特设岗位计划"，是由教育部、财政部、原人事部、中央编办在2006年联合启动实施，公开招聘高校毕业生到"两基"攻坚县农村义务教育阶段学校任教，服务期三年。招聘对象以高等师范院校和其他全日制普通高校应届本科毕业生为主，也招聘少量专科毕业生。取得教师资格，具有一定教育教学实践经验，年龄在30岁以下的全日制普通高校往届本科毕业生也可以报考。

（九）社区工作者

社区工作者是指在社区党组织、社区居委会和社区服务站专职从事社区管理和服务、并与街道（乡镇）签订服务协议的工作人员。社区工作者的服务期大多为三年，报考条件各地区不统一，以各地区公布为准。常见报考条件有：①毕业两年内的大专以上学历的普通高校毕业生；②当地户籍；③根据岗位不同，年龄要求在25周岁（或35周岁、45周岁）以下。考试科目各地区不统一，考试时间以各地区公布为准。

（十）大学生预征入伍

根据国家有关规定批准设立、实施高等学历教育的全日制公办普通高等学校、民办普通高等学校和独立学院，按照国家招生规定录取的全日制普通本科、专科（含高职）、研究生、第二学士学位的应（往）届毕业生、在校生和已被普通高校录取但未报到入学的学生。征集的大学生以男性为主，女性大学生征集根据军队需要确定。

高校毕业生应征入伍服义务兵役，除享有优先报名应征、优先体检政审、优先审批定兵、优先安排使用"四个优先"政策，家庭按规定享受军属待遇外，还享受优先选拔使用、学费补偿和国家助学贷款代偿、退役后考学升学优惠、就业服务等政策。

（十一）士兵政策

我军现役士兵按兵役性质分为义务兵役制士兵和志愿兵役制士兵。义务兵役制士兵称为义务兵，志愿兵役制士兵称为士官。士官属于士兵军衔序列，但不同于义务兵役制士兵，是士兵中的骨干。义务兵实行供给制，发给津贴，士官实行工资制和定期增资制度。

士兵退役后可以享受以下优惠政策：

（1）高职（专科）学生入伍经历可作为毕业实习经历。

（2）退役大学生士兵入学或复学后免修军事技能训练，直接获得学分。

（3）设立"退役大学生士兵"专项硕士研究生招生计划。根据实际需求，每年安排一定数量专项计划，专门面向退役大学生士兵招生。在全国研究生招生总规模内单列下达，不得挪用。

（4）将高校在校生（含高校新生）服兵役情况纳入推免生遴选指标体系。鼓励开展推荐优秀应届本科毕业生免试攻读研究生工作的高校在制定本校推免生遴选办法时，结合本校具体情况，将在校期间服兵役情况纳入推免生遴选指标体系。在部队荣立二等功及以上的退役人员，符合研究生报名条件的可免试（指初试）攻读硕士研究生。

（5）将考研加分范围扩大至高校在校生（含高校新生）。退役人员在继续实行普通高校应届毕业生退役后按规定享受加分政策的基础上，允许普通高校在校生（含高校新生）应征入伍服义务兵役退役，在完成本科学业后3年内参加全国硕士研究生招生考试，初试总分加10分，同等条件下优先录取。

（6）退役大学生士兵专升本实行招生计划单列。高职（专科）学生应征入伍服义务兵役退役，在完成高职学业后参加普通本科专升本考试，实行计划单列，录取比例在现行30%的基础上适度扩大，具体比例由各省份根据本地实际和报名情况确定。

（7）高校新生录取通知书中附寄应征入伍优惠政策。高校向新生寄送《录取通知书》时，附寄应征入伍宣传单，宣传单主要内容包括优惠政策概要、报名流程指南、学籍注册要求等。

（8）放宽退役大学生士兵复学转专业限制。大学生士兵退役后复学，经学校同意并履行相关程序后，可转入本校其他专业学习。

（9）具有高职（高专）学历的，退役后免试入读成人本科，或经过一定考核入读普通本科；荣立三等功以上奖励的，在完成高职（专科）学业后，免试入读普通本科。

（10）应征入伍的高校毕业生退役后报考政法干警招录培养体制改革试点招生时，教育考试笔试成绩总分加10分。

第七章 创业能力提升

第一节 创业概述

一、创业的概念及特点

创业,现如今已成为颇受年轻人追捧的一种择业方式,尤其是那些身怀梦想的大学生们。当前越来越大的就业压力迫使大学生们在面对应接不暇的应聘面试之余,开始思考是不是有另外一种方式可以让自己脱颖而出,实现当时自己许下的伟大抱负。而成功的大学生创业典型、优惠的政府扶持政策、良好的大学生创业氛围,也深深影响了大学生们原有的传统就业观念,推动着他们勇敢地迈出创业的第一步,努力从一个为他人打工的上班族变成一个为自己打工的老板,做自己人生真正的主人。

（一）创业的概念

创业的原意是"创立基业"或者"建功立业"。《辞海》对创业的解释就是"开创基业"。"创业"一词最早出现于《孟子·梁惠王下》:"君子创业垂统,为可继也。"将创建功业与一脉相承、流传后世联系起来。创业一词由"创"和"业"组成。"创"一般指创建、创新、创立、创造、创意。而"业"一般是指学业、业务、工作;专业、就业、转业、事业;财产、家业等。由此可以看出,创业有丰富的内涵,不单单是创办企业。

对于创业,不同的学者从不同的角度出发有着不同的解释：

创业是创业者对自己拥有的资源或通过努力能够拥有的资源进行优化整合，从而创造出更大经济或社会价值的过程。

创业是一种劳动方式，是一种需要创业者运营、组织、运用服务、技术、器物进行思考、推理和判断的行为。

全球创业研究和创业教育的开拓者杰夫里·蒂蒙斯教授曾说：创业是一种思考、推理和行为方式，这种行为方式是机会驱动、注重方法和与领导相平衡。创业导致价值的产生、增加、实现和更新，不只是为所有者，也为所有参与者和利益相关者。

当代管理大师彼得·德鲁克曾说：任何敢于面对决策的人，都可能通过学习成为一个创业者并具有创业精神。创业是一种行为，而不是个人的性格特征。

创业是一种可以组织，并且是需要组织的系统性工作。

借鉴以上各种定义，并结合现实创业实践内容，我们将开创新事业、或扩大现有的生产规模、或改变现有的经营模式都归结为创业。

(二) 创业的特点

1. 创业是一项创新性的活动

创业通常是抓住社会发展过程中不断涌现的新的机遇、新的发展空间，不同于现有的生产领域而具有创新性地开拓新的行业、新的岗位。有一俗语叫做"人无我有，人有我优"，只有做到这一点，你才能在创业的海洋中立于不败之地。也只有当你拥有与众不同的项目或技术之时，才能真正吸引到你的客户，让你在众多的竞争者中脱颖而出。

2. 创业是一项学习性的活动

创业的过程就是一个在不断学习的过程，除了你过硬的专业知识以外，你还需要有一些非专业知识的积累，特别是对于初出茅庐的大学生而言，在人脉、商业敏感性以及专业生产经验等方面的积累就显得尤为重要。作为一个创业团队的领导者，你应该全方位地学习你的生产领域中所需要用到的东西，并且具有与时俱进的精神，不断关注新的政府政策、行业动态、技术革新等相关消息，才能在关键时刻引导你的团队走向正确的方向。可以说，创业是一个需要"活到老，学到老"的事业，这样才能使你不在前仆后继的创业大军中被淘汰。

3. 创业是一项复杂性的活动

对于一个真正的创业者，创业需要对于自己所掌握的所有资源，例如资金、人才、技术、人脉、场地、项目等进行有效的整合，在不断降低成本的基础上实现其利润最大化。创办一家企业将要在外部直接面对瞬息万变的市场和同业者进行激烈的竞争，在内部要管理好你自己的团队、掌控整个企业的财务、完善你的企业运行机制以及具备有效的营销体系。而在创业的整个过程中在心理上也将承受巨大的考验，不但充满了激情、艰辛、挫折、忧虑、痛苦和徘徊，而且还需要付出坚持不懈的努力，当然相对应地，你取得的每一次的成功也必将带来无穷的欢乐。

4. 创业是一项风险性的活动

创业更多的是从无到有的创新性活动，那么它必不可少地会带来风险。那些身经百战的老企业家也会面临破产的风险，众所周知的史玉柱还不是在身背巨债的情况下进行二次创业,更何况是对于毫无实战经验的大学生们而言,没有进行资源优化整合或是缺乏判断力错失了市场良机等原因,使自己的创业道路面临困难,有一定的风险存在也是合理的。但是,存在风险的事业,也正意味着它是新兴的领域,它是前人所没有走过的道路,只有你具有勇敢冒险的精神,才能一路披荆斩棘,走向成功的终点。

5. 创业是一项持久性的活动

创业对于初入社会的大学生来说必定是一场持久战。无论是从它骨子里的创新而言,还是它所涉及领域的复杂性而言,它都需要你投入大量的精力和时间去不断付出。一项新的技术或产品想要长久地存在下去,必定要接受最为直观的市场的考验。唯有努力跟上市场需求不断变化的步伐,才能在这场与市场同业者的赛跑中保持领先地位。想要真正将你的知识转化为财富,就需要经历时间的反复打磨,才能焕发出像钻石般耀眼夺目的光芒。

二、创业的类型

(一) 依创业目的划分

依创业目的可分为机会型创业和生存型创业。

(1) 机会型创业。是指创业的出发点并非谋生,而是为了抓住和利用市场机遇。它以市场机会为目标,以创造新的需要或满足潜在需求为目标,因而会带动新产业发展。

(2) 生存型创业。是指为了谋生而自觉或被迫地创业,大多偏于尾随和模仿,因而往往会加剧市场竞争。

(二) 按创业起点划分

按创业起点可分为创建新企业和既有组织内创业。

(1) 创建新企业。是指创业者从无到有地创建全新企业的过程。这个过程充满机遇和刺激,但风险和难度也大,创业者往往缺乏足够的资源、经验和支持。

(2) 既有组织内创业。是指在现有组织内的有目的的创新过程。以企业组织为例,可指公司由于产品、营销以及组织管理体系等方面的原因,在企业内进行重新创建的过程。

(三) 按创业者数量划分

依创业者数量可分为独立创业和合伙创业。

(1) 独立创业。是指创业者独自创办自己的企业,其特点在于产权归创业者个人所有,企业由创业者自由掌控,决策迅速,但创业者要独自承担风险,创业资源整合比较困难,并且受个人才能限制。

(2) 合伙企业。是指与他人共同创办企业,其优势和劣势正好与独立创业相反。

(四) 按创业项目性质划分

依创业项目性质可分为传统技能型创业、高新技术型创业和知识服务型创业。

(1) 传统技能型创业。是指使用传统技术、工艺的创业项目,如酿酒、制作饮料、手工刺绣等。这些独特的传统技能项目在市场上表现出经久不衰的竞争力。

(2) 高新技术型创业。是指知识密集度高,带有前沿性和研究开发性质的新技术、新产品创业项目。例如，人工智能与机器学习、大数据与云计算、生物技术与医疗健康、新能源与环保技术、5G与互联网等。

（3）知识服务型创业。是指为人们提供知识、信息等的内容创业项目。当今社会，会计师事务所、工程咨询公司等各类知识性咨询服务机构不断细化和增加，这类项目投资少、见效快，竞争也日渐激烈。

（五）按创业方向和风险划分

依创业方向和风险可分为依附型创业、尾随型创业、独创型创业和对抗型创业。

（1）依附型创业。可分为两种情况：一是依附于大企业或产业链而生存，在产业链中明确自己的角色，为大企业提供配套服务；二是特许经营权的使用，例如，利用知名品牌效应和成熟的经营管理模式，通过连锁、加盟等方式进行创业。

（2）尾随型创业。即模仿他人创业，行业内已经有同类企业或类似经营项目，新创企业尾随他人之后，学着别人做。

（3）独创性企业。是指提供的产品和服务能够填补市场空白。大到独创商品，小到商品的某种技术，如环保洗衣粉等。

（4）对抗型创业。是指进入其他企业已经形成垄断地位的某个市场，与之对抗较量。

（六）按创业方式划分

依创业方式可分为复制型创业、模仿型创业。

（1）复制型创业。是在现有经营模式的基础上进行简单复制的过程。例如，某人原本在一家化工品制造企业担任生产部经理，后来离职创立一家与原化工品制造企业相似的新企业，且生产的产品和销售渠道与离职前的那家企业相似。

（2）模仿型创业。是一种在借鉴现有成功企业经验基础上进行的重复性创业。这种创业虽然很少给顾客带来新创造的价值，创新的成分也很低，但对创业者自身命运的改变还是较大的。例如，某软件工程师辞职后，模仿别人开一家饮食店。这种形式的创业具有较高的不确定性，学习过程长，犯错误的机会多，试错成本也较高。不过，创业者如果具有较高的素质，那么只要他得到专门的系统培训，注意把握市场进入契机，创业成功的可能性也比较大。

（七）按创业主体划分

依创业主体可分为个体创业和公司创业。

（1）个体创业。主要指不依附于某一特定组织而开展的创业活动。

（2）公司创业。主要指在已有组织内部发起的创业活动，这种创业活动可以由组织自上而下发动，也可以由员工自下而上推动，但无论推动者是谁，公司内的员工都有机会通过主观努力参与其中，并在这种创业中获得报酬和得到锻炼。

从创业本质来看，个体创业与公司创业有许多共同点，但是由于创业主体在资源、禀赋、组织形态和战略目标等方面各不相同，因而两者在创业的风险承担、成果收获、创业环境、创业成长等方面存在较大差异，见表7-1。

三、创业要素的内容

（一）创业机会

创业机会是指有较强吸引力、有利于创业的商业机会，创业者据此可以为客户提供有价值的产品或者服务。创业机会往往是一个新的市场需求，或者是一个需求大于供给的市场需求，或者是一个可以开辟新产品的市场需求，这样的市场需求并非只有创业者认识到了，其他的竞争者也许会很快加入竞争的行列。

表7-1　　　　　　　　　个体创业和公司创业的主要差异

个体创业	公司创业
创业者承担风险	公司承担风险，而不是与个体相关的生涯风险
创业者拥有商业概念	公司拥有概念，特别是与商业概念有关的知识产权
创业者拥有全部或者大部分事业	创业者或许拥有公司的权益，但可能只是一小部分
从理论上说，创业者的潜在回报是无限的	在公司内，创业者所能获得的潜在回报是有限的
个体的一次失误可能意味着整个创业失败	公司拥有更多容错空间，能够吸纳失败
受外部环境波动的影响较大	受外部环境波动的影响较小
创业者具有相对独立性	公司内部的创业者更多受团队的牵制
在过程、试验和方向的改变上具有灵活性	公司内部的规划、程序和官僚体系会阻碍创业者的策略调整
决策迅速	决策周期长
低保障	高保障
缺乏安全网	有一系列安全网
在创业主意上，可以沟通的人较少	在创业想法上，可以沟通的人较多
至少在创业初期，存在有限的规模经济和范围经济	能很快实现规模经济和范围经济
严重的资源局限性	占有各种资源优势

（二）创业团队

创业团队并不是一群人的简单组合，而是一个特殊的群体。它要求团队成员能力互补，拥有共同的愿景和价值观，通过相互信任、自觉合作、积极努力而凝聚在一起，并且团队成员愿意为共同的目标奉献自己，发挥自己最大的潜能。

（三）创业资源

创业资源指初创企业在创造价值的过程中需要的特定的资产，其中包括有形与无形的资产，是新创企业创立和运营的必要条件，主要形式为人才、资本、机会、技术和管理等。

第二节　创业的过程与阶段

创业过程涉及许多活动和行为，但最重要的环节在于企业与最佳的市场机会相适应。换言之，创业过程主要是企业为实现其任务和目标而发现、分析、选择和利用市场机会的管理过程。按照时间顺序，创业过程可以分为分析市场机会、选择目标市场、设计市场营销组合和管理创业活动四个阶段。

一、分析市场机会

分析创业机会是创业过程的核心，也是创业管理的关键环节。分析市场机会包括寻找发现市场机会和评估市场营销机会两个方面的活动。

（一）寻找发现市场机会

寻找发现市场机会是企业分析市场机会的必要前提，寻找发现市场机会有以下三种方式：

（1）分析企业的营销环境，找出有利和不利的因素。企业要学会从宏观和微观的营销环境中及时识别市场机会，发觉其中的有利和不利的因素。

（2）广泛收集市场信息。建立完善的市场营销信息系统，开展经常性的调查研究工作是企业收集信息的重要途径。通过市场调研来寻找发现未满足的需要。

（3）制造机会。制造营销机会在于能对营销环境变化做出敏捷的反应，善于在许多寻常事物中迸发灵感，巧于利用技术优势开发出新产品。

（二）评估市场营销机会

评估市场营销机会是企业分析市场机会的重要基础。市场营销机会是指对企业的营销具有吸引力的，企业在此能享有竞争优势和差别利益的环境机会。市场机会能否成为企业的营销机会要具备三个条件：①是否企业的任务和目标一致；②是否符合企业的资源条件；③企业利用该机会是否能享有更大的差别利益。

二、选择目标市场

选择目标市场是企业创业过程中面临的一个重要问题。任何企业都没有足够的人力资源和资金满足整个市场或追求过分大的目标，只有扬长避短，找到有利于发挥本企业现有的人、财、物优势的目标市场，才不至于在庞大的市场上瞎撞乱碰。选择目标市场主要包括四个步骤：①预测市场需求量；②市场细分；③市场目标化；④市场定位。

三、设计市场营销组合

营销组合是企业的综合营销方案，即企业根据目标市场的需要和自己的市场定位，对自己可控制的各种营销因素（产品、价格、渠道、促销等）进行优化组合和综合运用。设计市场营销组合主要以4P营销理论为依据。4P营销理论被归结为四个基本策略的组合：

（1）产品策略。指企业以向目标市场提供各种适合消费者需求的有形和无形产品的方式来吸引消费者的方式。

（2）价格策略。是企业以按照市场规律制定价格和变动价格等方式来更好地影响企业的销售量从而获得最大利润的策略。

（3）渠道策略。指企业以合理地选择分销渠道和组织商品实体流通的方式来实现其营销目标。

（4）促销策略。指企业以利用各种信息传播手段刺激消费者购买欲望，促进产品销售的方式来实现其利润的增长的手段。

四、管理创业活动

管理创业活动包括计划、组织、执行和控制营销工作等一系列过程。计划是指制定支持创业的计划；组织是指协调所有创业人员的工作、同其他部门密切配合、组织创业资源的使用；执行和控制是指执行营销计划、利用控制系统控制意想不到的事发生以实现创业的目标。

第三节　创业者特质与创业精神

创业就好比一个音乐家谱曲，运用七个小小的音符创新性地排列组合创造出世间与众不同的悦耳旋律，受到世人的喜欢，从而实现自己的价值。谱曲看上去好像很容易，只要略懂乐理的人都可以创作出一段旋律，但是它是否真正受到众人和市场的好评，却是受到多方因素的影响，不能由创作者左右。特别是像大学生这些才刚刚起步的默默无闻的创业者，想要遇到伯牙子期般的知音赏识，最重要的就是要修炼好自己的内功。那么在你真正决定闯出一片天空之前，你是否已经为自己做好了充分的准备？你是否真的了解你自己？

一、创业者的特质

（一）强大的内在驱动力

"欲望是创业的最大推动力"，一个坚定的创业者对于他内心所向往的那份梦想有着不可动摇的信念。这份稳固的信念往往会指引着创业者在漫长的创业道路上无畏地前进，尤其是在遇到挫折和困难的时候，它往往成为创业者重拾信心、整装再出发的救命稻草。所以，作为创业者的你，是否建好了你心中可以源源不断提供补给的能量站？

（二）良好的心理素质

创业的道路并不是一帆风顺的，它除了要忍受肉体上的辛苦以外，还要承受住对内心的打击。面对失败时，你要善于自我调节，冷静地分析原因并吸取教训，争取不在同一个地方跌倒两次；面对成功时，你要保持一颗平常心对待，不要被胜利冲昏头脑而止步不前。请为你的心铸造一面铜墙铁壁，如果创业之路上你在精神上被打倒，那么你将永远不可能成功。

（三）全面的知识技能

创业是一项需要很多知识积累和铺垫的工程，它不但需要与项目相匹配的最新最全的专业知识技能，还要有必需的非专业知识技能，例如管理学知识、法律知识、财务知识、广告营销知识等。可能你并不能全部掌握，但是作为一名创业者，至少应该尽可能多地去涉猎多方面的知识。主动地搜寻所要的知识，远比遇到麻烦时被动地临时抱佛脚要从容淡定。广博的知识、精深的技能是通往成功彼岸的诺亚方舟。将所具备的知识转化成智慧，运用头脑来创造财富，这便是创业成功的不二法门。

（四）适时的判断决策力

市场信息瞬息万变，作为创业者的你能做到"该出手时就出手"吗？对于商业时机的敏感性，往往会在很大程度上影响创业的成败，而这种审时度势的能力通常并不是天生的，是可以靠后天培养的。关注国家的宏观调控政策，掌控整个行业的实时走向，把握市场运行的规律，洞悉顾客的消费心理，这些都可以帮助你在整体上明白你所处的位置以及你的创业之路应该通往的方向。机会总是青睐有准备的人，当机会一旦降临，果断地抓住它，将会为你的创业注入无穷的推动力。

（五）宝贵的整合资源能力

创业者作为资源所有人的身份占有许多创业所需要的资源，其中最具有不可替代性的是人脉资源。有一种说法："世界上人与人之间的距离只有三个人。"也就是说，你只要通过三个人的人脉关系网，就可以认识整个世界的人。这种说法虽然有些夸张，但是它点出了人脉的宝贵性。人脉关系网无形地铺陈于你的工作生活圈子中，并且随着时间和历练而不断累加，你根本不可能想象顺着这一条人脉关系枝蔓挖掘下去，你会挖到怎样令你惊喜的宝藏。

（六）独特的创新意识

创业，顾名思义就是开创你的事业。它本身所具有的创新特质，很多人都能察觉到。"心有多大，舞台就有多大"，只有当创业者大胆地创新探索，不断思考，才有可能挖掘到一个好的创业项目。创新意识并不只是在创业初期时需要，它应当贯穿于整个创业的过程之中。想要让你的事业不断顺利推进，就需要持续地创新，不断地推陈出新。创新既可以是项目的创新、生产技术的创新，也可以是营销方式的创新。创新无处不在，一个优秀的创业者只有勇于开拓、敢于创新，才能将创业推向一个新的高度。

二、创业精神

创业精神是以创新、变革为核心的个性品质，也是推动社会经济变革、促进社会经济发展的重要力量。它既体现在创业者个体在创业实践活动中所表现出来的独特的市场判断能力、与众不同的行为方式，以及敢于冒险、敢于担当、百折不挠的意志品质等方面，也体现在一个国家或一个企业的技术创新、经营模式创新、管理制度创新、产业创新等方面。它既对个体的人生追求和事业发展具有重要影响，也对企业的发展、民族的兴旺和国家繁荣具有重要影响。

（一）创业精神的概念与来源

1. 创业精神的概念

创业精神这个概念出现于18世纪，多年来，其含义在不断变化着。综合已有的创业精神的定义，我们这样界定创业精神：创业精神是创业者在创业过程中重要行为特征的高度凝结，这种精神主要表现为敢于创新、勇担风险、团结协作、坚持不懈等。

创业精神的基本内涵可以从哲学、心理学、行为学三个层面加以理解。从哲学层面看，创业精神是人们对创业行为在思想观念上的理性认识；而从心理学层面看，创业精神是人们在创业过程中体现的创业意志和创业个性的心理基础；从行为学层面看，创业精神是人们在创业时所表现出的创业品质和创业素质的行为模式。

创业精神是创业者各种素质的综合体现，它集冒险精神、风险意识、效益观念和科学精神为一体，体现了创业者具有开创性的观念、思想和个性，以及积极进取、不惧失败和敢于承担等优秀品质。

2. 创业精神的来源

（1）文化环境。创业者离不开现实文化环境。作为学习者，其所生活区域的文化就是学习的重要内容之一。因此在一个商业文化氛围浓厚的地方，潜在的创业行动者容易培养创业精神。

（2）产业环境。不同的产业环境会对创业精神产生影响。对于垄断行业而言，企业缺少竞争，就容易抑制创业精神的产生。而在一个完全竞争的市场结构中，由于企业间优胜劣汰、竞争激烈，更有可能形成创业精神。

（3）生存环境。从生存环境来看，资源贫瘠、条件恶劣的区域往往能激发人的斗志。从创业视角分析，在资源贫瘠的地方，人们为了改善生存状况而寻求发展机会、整合外界资源，进而催生创业念头、激发创业精神。

3. 创业精神的相关因素

（1）创业精神与学历高低无关。创业精神与一个人学历的高低无关：无论是中学生、本科生还是博士生，只要其拥有创业精神，这种精神就不会因为学历的差距而有任何不同。

（2）创业精神与企业大小无关。需要说明的是，创业精神与企业大小也没有关系：不论是大型企业的老板还是便利店的老板，在开办企业时，所需要拥有的创业精神都是一样的，并不会因为所创企业的大小不同，使创业精神的本质有丝毫的区别。

4. 创业精神的作用

创业精神能激起人们进行创业实践的欲望，是一种心理上的内在动力机制。创业精神在很大程度上决定着一个人是否敢于投身创业实践，它支配着人们对创业实践活动的行为和态度，并影响行为和态度的方向及强度。

创业精神的力量能够帮助个人、企业，乃至整个国家或地区在面对21世纪的竞争时走向成功和繁荣。当前，世界产业结构正经历着彻底转变，创业精神定会在我国发挥更大的作用，它有利于加快转变经济发展方式，促使经济社会又好又快发展。

（二）如何培育创业精神

1. 培育创业人格

人格的教育对创业能力与创业精神的培养来说是相辅相成的。高校要根据大学生的心理特点，有针对性地教授心理健康方面的知识，引导大学生树立心理健康意识、强化心理素质、增强心理调节能力和对于社会的适应能力，自觉培养坚忍不拔的意志品质和艰苦奋斗的内在精神，提高承受挫折和解决问题的能力。

2. 培养创新能力

创新能力是创业精神的核心，高校必须突出对学生创新能力的培养。尊重学生的个性发展、爱护和培养学生的好奇心，为学生潜能的充分开发营造出一种宽松的氛围。鼓励学生勇于突破，有针对性地突破前人、突破书本、突破老师。

3. 宣扬创业文化

应将创业精神有机地融入学科活动、科技活动等活动中，以培养学生的创业精神。可经常邀请成功的企业家或成功的校友来学校作报告，增强大学生对于创业的信心，用激情感染学生，成为鼓励学生创业的榜样。

4. 强化创业实践

鼓励学生在课余时间参加一些创业模拟和社会实践活动，增强学生对企业的了解以及对社会的适应能力。比如在校内外开展创业竞赛活动、与外部企业联合开展学生的实习见习等，让学生在实践中磨练自己，形成正确的创业认知，孕育创业精神和增强解决问题的能力。

创业精神并不是与生俱来的，而在于后天的学习、思考和实践。创业精神一旦形成，就会对人的一生产生重要的影响。这种影响不仅体现在创业者创业准备和创业活动的始终，还体现在日常的工作、学习和生活中。从某种意义上说，创业精神不但决定个人生涯发展的态度，而且决定个人生涯发展的高度和速度。

（三）创业精神对个人生涯发展的影响

1. 创业精神决定个人生涯发展的态度

创业精神作为一种思想观念、个性心理特征和行为模式的综合体，必然会对个人生涯发展态度具有重要影响。例如，创业精神中思想观念的开放性、开创性，容易让人接受新思想、新事物，形成开放的态度，敢于开风气之先，从而想他人未曾想，做他人不敢做，成为事业上的领跑者。再如，创业精神中的创新精神、拼搏精神、进取精神、合作精神等，能使人树立积极的生活态度，在顺境中居安思危、不懈奋进，在逆境中不消沉萎靡，排除万难、励精图治，重新找到生涯发展的方向。

2. 创业精神决定个人生涯发展的高度

创业精神是一个人核心素质的集中体现，它不仅决定了一个人在机遇面前的选择，而且决定了一个人的生涯目标和事业追求。具有创业精神的人，无论是创办自己的企业，还是在各种各样的企事业单位就业，都会志存高远、目光远大、心胸宽广。这样的人不但在事业上会取得更大的成绩，在个人品德和修为上，也会达到更高的境界。

在新的时代背景下，大学生如果能够有意识地培养自己的创业精神，让个人理想与社会发展的趋势和节奏相吻合，就有可能使自己的事业发展，达到以往无法想象的高度。但是，大学生如果在个人生涯发展上缺乏主动意识，不去主动规划自己的生涯发展，一切等着家长、学校和政府安排，一心想找个安稳、清闲的"铁饭碗"，就很有可能一辈子也找不到理想的工作，甚至毕业就"失业"。

3. 创业精神决定个人生涯发展的速度

创业精神是一种主动精神和创造精神，这种精神能让人积极主动、优质、高效地做好自己承担的每一份工作，从而在平凡的岗位上做出不平凡的奉献。实践证明，具有创业精神的人，不管在什么岗位，不管从事什么职业，其强烈的成就动机，其追求增长、追求效率的欲望，都将转化为内心强劲的追求事业成功的动力。在这种动力驱使下，人们会将眼前的工作作为未来事业发展的起点，把握好生命中的每一个机会，做好自己从事的每一项工作。

创业精神也是一种求真务实的精神。这种精神的本质，就是实事求是、讲求实效，就是实干苦干、反对浮夸、反对空谈。富有创业精神的人，敢于靠自己的实践探索，"摸着石头过河"，会接受更多的挑战，完成更多的任务，取得更大的业绩，因而会取得更快的发展。

第八章 大学生就业与创业典型案例

笔者在从事大学生就业与创业教育工作中接触了很多大学生。他们所在的学校不同，从事的工作领域不同，人格特质也不相同。但共同点在于，这些学生对自己想做什么，要做什么有非常清晰的认知。他们往往从小就有自己的兴趣领域，在初高中阶段就有学生干部经历，开始思考自己的未来。进入大学后有明确的学业规划，主动参与各种校内外活动，比如竞赛、组织活动、校外兼职、学术训练等，为后续的职业发展打下坚实的基础。这些学生的发展之路值得借鉴和学习。

案例一 从大学生到名企管培生——选择与努力同样重要

小夏曾是浙江水利水电学院企管专业的学生，他从小喜欢魔术，通过魔术这个兴趣和社会广泛接触，从中积累了丰富的阅历和与人打交道的能力。从初中开始锻炼发展管理能力，在高中、大学通过社团活动、社会兼职、参加比赛等提升能力，为他后来的逆袭奠定了扎实的能力基础。生涯是连续发展的过程，任何一种能力的培养都需要漫长的过程和实践。小夏后来在企业管理的过程中非常重视生涯规划也源于自己在其中的受益。他说：其实明白自己想要的东西值得什么样的努力很重要；另外，经济管理类学生最重要的是锻炼自己的能力，这是一个需要主动和长期实践的累积过程。小夏对自我成长的描述如下：

在中学时期，我曾担任班干部，协助班主任管理班级事务。我读初一的时候第一次担任班委委员，而且是劳动委员兼

微课视频

青少年科技教育赋能者
——ENTP 挑战者
创业的典型案例

纪律委员。第一次当班干部虽然得罪了一些同学，但是按照老师的要求，把班级管理得很好。不过这种好只是表面的好，其实不少同学心里都挺不服气的，渐渐地我认识到严格管理班级有好处，但是不得人心。因此，我从高中开始尝试对不同的人采取不同的管理方式，由原来初中的严厉要求转变为与同学商量和提出改进建议，并坚持对事不对人，重在让同学改正行为，而不是将自己变成一个权力集中体。从那以后，我开始摸索出一套合适的管理方式，并将它运用到了大学当中。

到了大学，集体变得更加复杂，此时我又需要不断探索，根据实际情况改善自己的管理方式，做到与时俱进、因人而异。在大学使用我的管理方式管理团队还有一定的问题，但我会不断改进，这毕竟也是我管理能力历练与进步的过程。在组织方面，从大一开始，我逐渐开始为班级组织策划活动，并担任活动主持人。同时在校外也找到了组织——浙江省高校魔术联盟，在表现出自己的价值与能力之后，被委任为常务理事，协同管理联盟事务，并教导学员的日常练习。我认为这是对我组织管理能力的一种认可，也是我展现能力的机会，我会将之牢牢把握住。

分析和思考能力无论对什么职业而言都是很重要的。我认为自己在这方面的能力主要体现在当我接触到一个新魔术时，我能根据已知的知识进行解析，并尝试着去还原。进入大学以后，我加入了院系的辩论队，每一场辩论赛的交锋都是对分析思考能力的一次巨大的挑战，而在每一次挑战之后，我的分析思考能力也得到了巨大的提升。后来，我被委任为院系辩论队队长和海益剧团外宣部部长，这些都提高了我的分析思考能力。

在表演魔术的时候，沟通和表达能力无疑是必备的。沟通不善，观众就不配合你；表达不好，观众就不能理解你想要给他展现怎样的效果，也就不会感到惊奇。一旦如此，所有的努力相当于打了水漂。魔术有无数的分类，而心灵魔术就是其中一个重要的组成部分。沟通和表达是魔术的前置课程，立志在魔术上有所发展的我，在沟通和表达能力方面自然下了苦工。现在的我能很好地完成一场有效、有趣的表演，让观众感受到欢乐和惊喜，让他们不觉得看我的表演是一种对时间的浪费。

万事不可能都按照我的剧本来进行，尤其是魔术表演时，更是随时都会出现变故，比如说观众突然变卦、改变要求、不配合、捣乱等——这一类观众被魔术师们称为"奥客"。而在这时，魔术师的反应和观察能力必须过硬才能招架住"奥客"的进攻。作为长期表演魔术的人，我自然也遭遇过相当多的"奥客"，他们会偷走我的牌，故意说错牌等，但我最后都能化险为夷，完成了我的表演。在和"奥客"的交锋中，我锻炼了反应能力，而辨认出隐藏在观众中的"奥客"锻炼了我的观察能力。他们是我前进路上的绊脚石亦是踏脚石，我得感谢他们。

充分认识自我后，我在大学积极参加社会实践活动，创办了一个魔术社团；担任经济管理学院辩论队队长、海益剧团副团长、魔术社社长；担任新生副班主任；参加了浙江省挑战杯创业/职业规划大赛。这些实践锻炼了我的统筹管理能力、执行能力、人际交往能力、表演能力。专业实践上，我参加了 ERP 企业管理系统实操竞赛；担任过中国高校魔术协会杭州分会理事、温州杂技家协会秘书处秘书；参加了中国 M.E.E.T 近景魔术交流大会；担任过浙江省杂技家协会主席团助理；参与了杭州阡陌贸易有限公司电商运营。这些经历锻炼了我开放式团队协作的能力，以及电商运营和项目管理能力。大三时，我又参加了温州电视台公共频道《逻眼看温州》栏目下属的逻眼魔术团，大四作为代表参加了大学生魔术交流大会，并担任中国高校魔术协会常务理事等职务。

毕业后，我进入 A 公司做管培生。当时 A 公司是采用广撒网的方式选拔人才的，成为应聘管培生的概率很小，但我非常清楚自己的追求，做了非常多的努力，成功应聘为 A 公司管培生，后来成为 A 公司的中层管理人员。这些都得益于我在大学期间参加了生涯规划比赛，让我对自己的需求有了清晰的认知。

案例二　科技教育赋能青少年——小陈的创业故事

小陈，浙江大学与哈佛大学联合培养博士，研究软体智能机器人方向；浙江大学竺可桢学院创新与创业管理强化班学生。大学期间曾获各类奖学金 23 项，10 余个不同领域内各类奖项 67 项，包括全国金奖及一等奖以上 16 项，参加浙江大学航模队、数学建模队、英语辩论队、跆拳道队，曾获互联网＋全国大学生创新创业大赛全国总冠军及两项金奖，美国数学建模联赛一等奖，全国大学生物理竞赛一等奖，全国英语辩论一等奖等诸多奖项，从事青少年无人机、机器人 STEAM 教育多年，曾带领学军中学、杭州第二中学等学校获得国际 RWDC 无人机大赛一等奖及科技节大赛一等奖等。

小陈是浙江大学与哈佛大学联合培养的博士生，曾在高考前到编者这里咨询，霍兰德代码 IRS，MBTI 代码 ENTP，是位非常出色的青年，在无人机教育培训领域创造价值的过程。下面摘自编者对小陈的一次在线访谈。

王：小陈，现在很忙吧，你怎么看你现在很忙碌的状态？

小陈：我觉得从高中到大学，是一个状态的变化。从高中进入大学，我接触美国以及其他国家的一些学生，他们可能从小就知道自己的目标是什么，然后往这方面前进。但是对于我们的学生来说，从高中到大学，是非常明确的分水岭。我认识您（王老师）的时候，也是高三刚毕业，对我未来干什么不是很明确，那个时候我在忙什么呢？我可能在给自己做各种各样的加法，我这也想去试一下，那也想去试一下。我愿意去尝试一些不同的东西，所以在别人看来，我一直处于一个非常忙碌的状态，这个状态持续到了大一这个阶段，当时您给我做的测评，对我在未来专业和道路的选择上面有了非常大的引导和启发。

所以从大三开始，我上了一个创业管理的辅导班，从一个单纯的工科学生到开始走上创业道路，并开始做减法。但其实做了减法之后，不代表你会真的空闲一些，你可能在一件事情上的专注度会更高，会发现自己真正感兴趣的事情，这个时候你会去做更多的事情，也需要把这个事情做好。在这个年纪的时候，我是希望能够去做更多的事情，能够尽早地把我想要完成的事情做好。我记得我高三毕业的时候跟您聊天，您也提到了这一点，我这个性格的人就会这样去做，这是一个选择问题。

王：对，我们能看到小陈你作为 ENTP 的行动力、去挑战一些困难的那种劲儿。刚才你提到专注，我很好奇，我想大家也想了解，你觉得当你专注的时候，你专注在了哪个领域里？你是怎么想的？这样的专注给你带来的是什么？

小陈：我觉得专注这件事情本身是这样的，每个人他专注的方式都是不一样的。

有些人的专注方式可能是把他一生的精力都倾注在自己的专业领域上。这种专注就是我在做研究的时候抓住了一个命题，发现了一个方向，别人都没有做过，我需要花非常多时间去把它做好，这是一种专注方式。

另一种专注，也是我比较喜欢的方式，就是你做一件事情，把所有的精力放在这件事情上，做完这件事情之后，再去做一些别的选择。我们也跟很多家长聊过，因为我们现在也在做科技教育这个领域。很多家长会觉得，我让小学的或者初中的孩子学习无人机或科技，就分散了他的精力，或者说他可能就不在学业上那么专注了。我觉得不是这么一个逻辑，其实我们应该给学生，给我们的孩子树立的一个观点是，你在做感兴趣的事情时，就全身心地去投入。当你去做一些你必须要去做的事情的时候同样专心地做完这件事情，以高效的方式把这些做完之后，会有更多的时间去追求喜欢做的事情。所以我觉得短时间的专注和长时间专注都是一种专注的方式，也是我们需要去培养的一个能力。

王： 对，所以你在当下效率是很高的。好像在当你去做的时候，你会全力以赴。你也可以跟大家介绍你在你的领域中都取得了怎么样的成果？你在忙些什么？

小陈： 也不能说是成果吧，因为我也在做一些事情，跟所有的年轻学生都一样，在自己的领域有一些小的阶梯性的进展。我学的是航空航天专业，本科在浙江大学读飞机设计与工程专业，这个其实是女生非常少的一个专业，是很多女生会比较害怕的一个专业。但其实我从选择这个专业开始就对航空航天感兴趣，所以当时我选择这个专业之后，我就知道我会一直读到博士毕业。可能不是为了学位，而是我更愿意接触这个领域，包括相关行业的一些边界，让自己的专业知识和对于这方面的一些好奇心和兴趣能够得到进一步的挖掘和研究。同时也可以在这个领域上有自己的信誉度和进展。我本科毕业之后就直博，现在主攻航空控制和机器人软体控制。我读的直博专业是由浙大与哈佛大学联合培养，我本科在浙大只读了三年，最后一年前往哈佛大学做毕业设计及预科性的研究。我从大二就开始创业了，刚开始做的是与本专业非常相关的，做了一个无人机的智能收纳装置，当时是想要对标新加坡和美国的企业。当时是2016年左右，无人机的硬件市场并没有被打开，所以我们团队基于这个背景，发现了一个无人机领域的市场和需求——无人机科技教育。最开始我们做浙江省内一流高中的竞赛教育，带他们获得世界级无人机比赛的亚军和一些国际级别奖项。当时我们就发现，其实随着这些新兴科技的兴起，我们的青少年，成人教育和职业教育上没有一个完善的教育体系，大家处于对新兴科技不怎么了解的状态，我们当时发现了这个市场，至少没有人在做这件事情，所以我们就切入了科技教育这块市场，从2018年开始做这个事情。

王： 2018年2月还记得吗？我带学生去你们浙江大学，那时候你刚刚做。

小陈： 对，2018年2月，最早的是王老师把我带入教育之中。当时也是基于王老师给了我们这样的一个机会，有了我们最早的一批学生，当时我给孩子们上课，讲我自己的一些经历，我发现我自己的经历可以给一些目标没有那么明确的同学，在未来规划上有一些启发。

我是真的希望可以给大家一些启发，所以当时觉得教育这件事情是一件终身而且影响非常大的事情。当时我作为一个 ENTP，作为 IRS，我肯定是想在一个领域上有所建树，但是后续我就觉得教育这件事情可以给青少年带来一些影响，我就开始接受这个事情。一开始也没有明确怎么去做，但是我就觉得这件事情可以去做，我就带领团队去做了，这可能是我的一个性格导向。

后来 2019 年一年在美国有非常大的启发，当时我在波士顿一所最好的小学做他们教练，我发现他们那个年级的学生从小学开始，就非常明确我对科技感兴趣或者我对体育会感兴趣，他们平时的课程，比如五天的课程，基本上只上四天左右，学校专门给了一天的时间，让这些学生去做专门的科创的创造，或者有专门的老师来教，类似于我们国内的社团课或者选修课，有不同主题的营，包括他们的科学教育，从小学开始的编程教育，到高中创客型教育，是非常完善的体制体系，他们的教具，他们的教材，他们的学生给了我很大的启发。我当时去教的时候，小学三年级的学生他们就自己在看怎么去做固定无人机，以及怎么去调电调，怎么做 PID 控制，在我的印象里面，你要到大学甚至到研究生才学的东西，他们四五年级的学生，就根据自己兴趣导向去研究，可以自己做出来一架无人机，甚至有些同学可以做出来一个导弹。他们给了我很大的启发，回国之后，做科技教育一体化解决方案，希望把全套的东西，包括自己也在研究的一些课程教具和体系给更多学校，把这些解决方案推进去，影响更多的学生。

王： 小陈你要忙那么多的事儿，获得了那么多奖项，对很多人来说都是很不容易的，你是怎么给自己赋能的？你这个时间是怎么安排的？

小陈： 其实我们生活中的很多时候，倒不是说时间不够用，而是效率不够高或在一件事情上浅尝辄止了，我个人的一个习惯就是提高效率。我做一件事情的时候会很专注，并以最快的速度、最高的质量，把这件事情做完，然后我就有精力去做别的事情了。

我觉得在决定做一件事情之前，肯定要对这件事情有所衡量。包括我是否有时间，我是否有能力，我是否真的愿意去做这件事情，而不是别人叫我去做。我认定了这件事情之后，我就一定会把它坚持下去，直到有阶段性的结果。奖项其实是小方面，主要是你个人能力的提升，你能力提升了之后不断地坚持下去就会发现，有时候参加比赛，一开始的时候有很多人在竞争，但最后你坚持着，与你同等水平的就没几个人了，所以拿奖其实是一件比较容易的事情，就是一件水到渠成的事情，但前提是你得一直坚持下去。

作为创业的典型，小陈给大学生们树立了很好的榜样。在高中时通过生涯规划找到自己感兴趣、有热忱的无人机领域。通过大学的学习打下了扎实的专业基础。在各类比赛、创业项目的磨砺中不断地挑战、创新，把青少年科技教育赋能作为自己的人生使命，在创业的过程中绽放了自己生命的光彩。

参 考 文 献

[1] 北京纽哈斯国际教育咨询有限公司. 求职胜经 [M]. 北京:机械工业出版社,2006:118-132.
[2] 理查德·N. 鲍利斯. 世界求职圣经 [M]. 王华夏,译. 北京:现代出版社,2009:65-67.
[3] 马库斯·白金汉. 发现你的职业优势 [M]. 苏鸿雁,谢京秀,译. 北京:中国青年出版社,2007:87-90.
[4] 张艳. 大学生职业指导实训手册 [M]. 北京:高等教育出版社,2008:66-67.
[5] 吕一枚. 职业指导与创业教育 [M]. 北京:北京理工大学出版社,2008:73-75.
[6] 浙江省教育厅. 大学生就业指导 [M]. 杭州:浙江科学技术出版社,2009:113-115.
[7] 杨忠清,李泽华,董云涛. 大学生就业指导教程 [M]. 北京:北京邮电大学出版社,2022:76-80.
[8] 李家华. 创业基础 [M]. 北京:北京师范大学出版社,2013:93-95.
[9] 张溪,张富强. 大学生创新创业教程 [M]. 北京:人民邮电出版社,2013:67-69.
[10] 罗伯特·里尔登. 职业生涯发展与规划 [M]. 侯志瑾,译. 北京:中国人民大学出版社,2018:202-204.
[11] 格里高力·哈苏史苏. 发现你的职业性格 [M]. 穆瑞锋,郭岑,钱峰,译. 北京:电子工业出版社,2018:22-24.
[12] 刘建中. 大学生就业指导 [M]. 成都:电子科技大学出版社,2020:186-188.
[13] 王丽. 生涯规划体验手册 [M]. 北京:北京理工大学出版社,2020:62-65.
[14] 王丽. 职业生涯规划 [M]. 北京:高等教育出版社,2022:180-185.